미술이 쓴 역사 이야기

미술이 그린 보이지 않는 세상

미술이 쓴 역사 이야기

미술이 그린 보이지 않는 세상

하진욱 지음

호메로스

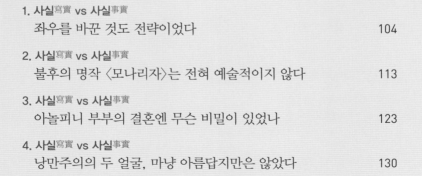

2장 사실의 역사
그림 속의 사실은 사실이 아니다

3장 예술의 역사
결국 미술은 처음으로 다시 돌아온다

영혼을 불어넣는 예술 행위
행위의 주체가 인간에게 옮겨왔다

미술은 사람들의 시점의 변화에서 시작되었다. 그런 의미에서 고대의 동굴 벽화나 이집트의 피라미드 등에서 볼 수 있는 훌륭한 그림이나 조각들은 엄밀히 말하면 미술이라고 할 수 없다. 그러한 그림이나 조각들은 15세기에 이르러서야 오늘날 우리가 미술Art이라고 하는 의미를 지니게 된다. 그렇다고 그림이나 조각이 15세기부터 예술 작품으로서 그 가치를 제대로 인정받았다는 말은 아니다. 어떤 측면에서는 그 가치가 오히려 떨어졌다고 할 수 있을 것이다.

르네상스 이전의 미술은 섬기기serve 위한 우상이라고 보는 것이 더 정확하다. 영혼을 지닌 우상idol 말이다. 그 우상은 하나의 이미지image를 지니고 있는데 이 이미지 속에서 현대의 우리들은 예술적 감수성을 느끼지만 옛 사람들은 영혼^{anima}을 보았던 것 같다. 이 아니마(영혼)는 단순한 그림이나 조각을 살아 있는 것으로 만들었으며 두려운 존재로 만들었다.

그런데 처음부터 조각이나 그림이 우상偶像, 즉 신神이 된 것은 아니다. 조각이나 그림이 신적인 권위를 획득하기 위해서는 일정한 절차를 밟아야만 했다. 그 절차란 돌조각에 영혼을 불어넣는 일을 말하며, 그러한 일을 하는 사람은 '사제'가 된다. 그 옛날 제정일치시대의 '사제'는 '왕'이었으며, 동시에 신비로운 '무당'이기도 했다. 그는 '사물'을 단순한 사물로 보지 않았으며, 사물에서 영혼을 발견하고, 영혼을 불어넣기도 했다. 이러한 일련의 과정을 잘 기획^{design}하고 실행하는^{performance} 능력이 바로 예술^{art}이다.

우리가 일반적으로 멋진 상황, 황당한 상황, 믿기 힘든 상황을 마주할 때, "완전 예술이네!"라고 하는 것과 같은 맥락이다. 그것이 다름 아닌 예술인 것이다. 아무것도 아닌 돌에 영혼이 있다고 하면 다들 믿어버리고, 실제로 그 돌이 효험이 발휘하기도 하니 완전 예술이 맞다. 사물^{object}에 혼을 불어 넣는 일, 그것은 마술^{magic}[1]과 같은 일이다. 그런 일은 아무나 하는 것이 아니라 이미

---

[1] 마술이 눈속임이라는 것을 기억하면 훗날 많은 예술가들이 예술을 '사기'라고 하는 것이 이해된다.

지를 잘 드러내는 특별한 기술^{techné}을 지닌 사람만이 할 수 있는 것이다. 이들은 현대적 개념으로는 미술가 혹은 예술가들이지만 당시에는 예술가 이상의 지위를 지닌 제사장, 족장, 혹은 왕이 되는 것이다.

특별한 지위를 지닌 이 미술가들은 종족의 풍요로운 번영을 위해 매번 주술 의식을 거행해야만 했으며 이러한 주술 행위의 산물이 바로 오늘날까지 남아 있는 옛 미술품들인 것이다. 그런데 이런 주술 행위는 종족의 번영과 풍요만을 가져다주는 것이 아니라 주술사 혹은 통치자가 된 예술가들의 지위를 보장해주는 장치이기도 하다.

예를 들면 풍년을 기원하는 조각품(〈빌렌도르프의 비너스〉 같은)에다 영혼을 불어넣어 풍요의 신으로 만들어 풍년을 기원하는 의식^{serve}을 행했을 때, 그 해 풍년이 들면 이 주술사는 효험 있는 통치자가 될 것이며 집단에서 반드시 필요하고 중요한 사람이므로 가장 높은 지위를 부여해 줄 것이다. 그러나 그도 소용없이 흉년이 들었다면 효험 없는 이 주술사는 더 이상 필요한 존재가 아니며 곧 집단에서 제거될 것이다. 때문에 주술사는 본인을 위해서라도 효험 있는 그림과 조각의 제작을 위해 많은 노력을 기울여야 했으며 그런 노력은 현재 고스란히 태고의 신비를 간직한 훌륭한 미술품으로 우리 곁에 남아 있다.

섬기기 위한 미술은 오늘날 우리가 감상하는 미술과 거리가 멀다. 그저 바라보고 즐거움을 느끼거나 감정을 나누는 그런 대상이 아니라 하나의 신으로 존재하는 우상이다. 그것은 쉽게 바라볼 수도 만질 수도 없는 두려운 대상이다. 그림과 조각 속에 영혼이 있는 한 그것은 현대를 살고 있는 우리가 알고 있는 '미술'이 될 수 없다.

서양을 기준으로 15세기경이 되어서야 사람들은 자연을 관찰observation하기 시작했다. 자연을 두려운 대상이 아니라 인간 주위에 있는 하나의 사물로 인식하고 관찰하기 위해서는 맨 먼저 그 속에서 영혼을 빼내야 했다. 이렇게 우상에서 영혼을 분리해내자 자연은 하나의 사물에 불과했고, 신의 신호였던 자연현상에서 자연법칙들을 발견할 수 있게 된 것이다. 그리고 지금껏 섬겨왔던 우상은 조각이고 그림이 되었다. 그 조각과 그림의 조형적인 요소가 아름다운지 어떤지를 그제야 보게 된 것이다.

다시 말해 사물에 대한 시점이 변화한 것인데, 시점은 영어 'view + point'이므로 간단히 말해 보는 위치가 변했다는 의미이다. 그것은 보는 사람이 감상자인지 섬기는 자인지의 문제를 설명해주는 말이다. 이제 사람들을 자연과 예술을 감상하기 시작한 것이다.

우상이었을 때의 예술 작품, 그러니까 여신상 같은 조각상의 숭배 대상으로서의 가치는 감상 혹은 유희의 대상으로서의 가치보다 어떤 측면에서는 높다고 볼 수도 있겠다. 왜냐하면 그것은 사람들이 섬기는 신상이었으므로 미술품 따위에 비교될 대상이 아니다. 그러나 지금 우리는 그것들을 예술의 견지에서 바라보고 분석하고 있으므로 제작된 당시의 기준으로 봐야 할지 아니면 조형적인 원리로 그 가치를 따져야 할지 애매한 측면이 분명 있다.

그런데 여기에서 영혼^{anima}[2]이라는 말을 했는데, 사실 현대 예술가들도 작품에 영혼을 담는다는 표현을 종종하기도 하므로 어쩌면 고대의 우상과 현재의 예술품이 같은 연장선상에 놓여 있을 가능성이 있다.

그렇다면 주술사가 행했던 영혼을 불어넣기 위한 기술적인 행위와 예술가의 기술은 어떠한지 살펴볼 필요가 있다. 고대 그리스에서 기술을 일컫는 말은 technē이며, 고대 로마에서는 ars였다. 로마인들은 왜 technē를 ars로 바꾸어 사용했을까? 마치 현대 영어에서 technic을 art로 대치해서 사용하는 것과 같은 것이다.

이 technē는 우리가 흔히 알고 있는 단순한 의미의 테크닉, 즉 기술이 아니라는 것을 짐작할 수 있다. 그들이 사용한 기술이라는 말은 조각을 잘하고, 그림을 잘 그리며, 선을 잘 긋는 등의 기술 이전의 기술이다. 즉, 기획^{design}과 영혼^{anima}을 불어넣어 사람들로 하여금 믿게 만드는 기술이 포함된 'art'를 의미하는 것이

2 사물의 영혼을 숭배하는 행위를 'animism'은 anima와 ism이 합쳐진 말이다.

다. 그러므로 아름다움과 상관없이 효율성 혹은 합목적성 등의 가치에 따른 기술이라는 의미가 아니다. 이와는 다른 광범위한 의미의 기술을 바로 이 ars라는 단어에 넣은 것이다. 그러므로 훌륭한 예술가는 물질적이고 기계적인 기법 이외에 정신적이고 우연적인 기법을 잘 다룰 수 있는 기술이 있어야 한다.

그러나 분명 섬기는 행위serve와 관찰하는 행위observe는 구별되어야 한다. 우상을 섬기다가 관찰을 하기 위해서는 주체를 '신'에서 '나'에게로 옮겨야 한다(시점의 변화). 그렇게 되면 우상(조각품)을 관찰할 수 있으며 우상은 나라고 하는 주체subject에 대하여 상대적으로 객체object가 된다. 관찰을 위해서는 사물(우상)을 나 자신으로부터 내던져야만 한다. 이는 object가 ob(against) + ject(iacio, to throw)라는 말로 이루어진 단어라는 사실에서 유추할 수 있다. 여기에서 반대편으로 던져진 객체를 관찰하는 이는 다름 아닌 주체subject: sub(beneath) + iacio(to throw)인 것이다.

다시 말해 그 모든 행위의 주체가 신에게서 인간에게로 옮겨왔다는 말이다. 예술품의 가치는 영혼을 지닌 것으로서 고대에나 현대에나 동등한 지위를 가질 수 있지만 그 영혼을 부여하는 주체가 다름 아닌 인간이 된 것은 엄청난 차이이다. 고대의 조각품에서 영혼은 조각을 만든 이조차 두려워하는 존재이지만 현대의 조각에서의 영혼은 그것을 감상하는 이들이 지닌 제각각의 경험에 따라 각기 다른 존재적 가치를 지니게 된다. 그들은 더 이상 그 조각상 자체를 섬기지 않는다. 다만 그 조각상에 담긴 의미를 볼 뿐이다. 사람들이 절에 있는 불상이나 교회의 십자가가 지닌 의미와 상징성은 인정하지만 그 자체에 신성을 부여하지 않는 이유이기도 하다.

미술이
보여 주는
세상의
모든 것

태초의 인간,
예술로 소통하다

—

    인류의 가장 오래된 역사의 흔적은 구석기시대의 그림과 조각에서 찾아볼 수 있다. 태초의 인간들이 남겨 놓은 그림과 조각은 오늘날 우리가 감상하는 예술품과는 거리가 먼 의미를 지니는 것들이다. 그들에게 이 그림과 조각은 하나의 의사소통 수단이었으며, 생존을 위한 수단이었다. 삶을 지속시켜 주는 것으로서 이 미술품들은 우리가 상상하지 못할 중요한 의미를 지니는 것이다.

    기원전 22,000년에 그려진 〈라스코 동굴벽화〉와 기원전 12,000년의 〈알타미라 동굴벽화〉를 보면 다양한 동물들이 그려진 것을 발견할 수 있는데 그 그림들을 살펴보면 과연 구석기인들이 돌

✿ 〈라스코 동굴벽화〉, BC 20,000~30,000, 라스코, 프랑스

◎ 〈알타미라 벽화〉 부분, 스페인 남부

◎ 〈황소〉, 피카소, 1925, 현대미술관, 뉴욕

◎ 유럽의 들소

이나 뼛조각으로 그렇게 세밀하게 묘사할 수 있었을까 싶을 정도로 사실적으로 묘사되어 있다.

이것은 무엇을 의미하는가? 그들의 손기술은 현대인의 손기술과 비교해 봐도 전혀 손색없을 정도로 사물을 재현하는 데 충실했음을 확인할 수 있다. 실제 그들이 그린 들소 그림은 현대 화가인 피카소가 그린 들소 그림과 상당히 비슷하다. 현대인들은 과연 그들보다 진화했는가 싶을 정도로 그들의 솜씨는 보통이 아니었음을 인정할 수밖에 없다. 우리는 왜 그들을 미개한 원시인이라고 하는지 되짚어볼 필요가 있다.

인류의 역사가 긴 만큼 과거보다 현재가 많이 발전했다는 믿음을 갖는 것은 어쩌면 당연한 일이지만 적어도 그림 그리는 실력에서만큼은 큰 차이가 나지 않는다. 아니 어쩌면 그들보다 그림을 많이 그리지 않는 현대인의 실력이 더 부족할지도 모를 일이다.

역사를 구석기, 신석기, 청동기, 철기로 구분하는데 이는 어떤 재료로 만들어진 도구를 사용하는지가 중요한 판단의 근거가 된다. 구석기에서 철기로 이행하는 과정을 우리는 발전이라고 말하지만 과연 그런가? 사용하는 도구가 돌멩이에서 철로 바뀐 것 말고 무엇이 다른가? 우리는 여전히 철기시대를 살고 있다. 현대 산업의 근간은 누가 뭐래도 철임을 부인할 수 없다. 철이 없는 세상, 상상할 수 없을 정도이다. 우리나라 역사에서 철기는 고대 삼국시대에 해당한다. 삼국시대 이래로 우리는 줄곧 같은 도구를 사용하는 인류인 것이다. 고대 삼국시대나 지금이나 쓰는 도구가 같다니 쉬 받아들여지지 않을 것이다. 그러나 동굴 벽에 벽화를 그리던 그들과 우리가 아주 큰 차이가 나는 것으로 착각하고 있는 것은 아닌지 잘 생각해 보아야 할 대목이다.

구석기시대에 불을 사용하던 인류는 농경을 시작하면서 일정한 주거지에 정착하게 됐을 것이다. 익힌 고기를 먹을 수 있었으므로 농경사회로 진입했다고 해서 사냥을 멈추었다는 의미는 아니다. 여전히 맹수와 비바람 등을 막기 위해 동굴은 편안한 안식처가 되어 주었을 것이다. 이렇게 무리지어 생활하던 그들에게 반드시 필요한 것이 바로 언어이다. 이는 상호 원활한 의사소통을 통한 공동체의 생존에 필수적인 요소였다. 그런데 현대인이 사용하는 말은 아주 오랜 기간을 거쳐 전승되어 왔으리라는 것은 충분히 짐작할 수 있지만 문자(기호화된)에 대한 정보는 부족하다. 그러나 초창기 인류의 문자를 그림이라고 생각하면 이 문제는 간단하게 해결된다. 심지어 그들의 문자를 쉽게 독해할 수도 있다. 사실 이처럼 쉬운 문자도 없다. 세종대왕이 한글을 만들 때에도 주안점은 쉽게 쓰이도록 하는 것 아니었던가. 그것으로 태초의 우리 선조들이 사용한 그림 문자는 아주 훌륭한 문자일 수도 있다는 점을 인정해야 한다.

다시 〈라스코 동굴벽화〉로 돌아가 보자. 그들이 그린 그림은 단지 상징적인 의미의 들소를 그린 것이 아님을 알 수 있다. 즉 일반명사 '소'를 가리키지 않는다는 말이다. 그들이 그린 그림은 구체적이고 개별적이며 매우 사실적이다. 뿔이 삐뚤어진 소, 뺨에 점이 있는 소, 갈기가 긴 소 등 다양하다. 이는 그냥 '소'가 아닌 지금 저 들판에 뛰어다니고 있는 소의 무리 중 뿔이 삐뚤어진 소 한 마리를 명확하게 지칭하는 것이다. 그래야만 사냥꾼들이 그 한 마리에 집중해 사냥의 성공 확률을 높일 수 있었을 것이다. 이것은 사물을 정확하게 지칭하는 세분화된 그들의 문자인 것이다. 누가 보더라도 분명히 알고 소통할 수 있는 단어, 정관사와 지시대명사가 붙어 있는 세분화된 단어임에 틀림없다. 누군가 일어나 벽에 그림을 그려 그것을 매개로 모두가 의사소통을 한 다음 사냥에 나서고 양질의 단백질을 섭취할 수 있게 된다. 다만 그러기 위해서는 그림 그리는 실력이 뛰어나야 한다. 자칫 일반명사 '소'가 되어 버리면 안 되기 때문에 꼭 닮게 그려야만 했던 것이다. 결국 당시 무리의 리더는 그림을 그리는 이였을 것이라는 예측이 가능하다. 다른 누구보다도 그림을 잘 그리는 사람은 무리가 함께 바라보고, 함께 고민하고, 함께 해야 할 일을 정확하게 그림으로 묘사할 수 있는 훌륭한 화가인 것이다. 그런 의사소통이 잘 되지 않으면 사냥에 실패할 확률이 높아 그 사람의 무리 내 가치를 떨어뜨리게 된다. 그러므로 리더의 지위를 유지하기 위해 고대의 화가는 심혈을 기울였을 것이다.

〈라스코 벽화〉의 그림들이 겹쳐져 산재해 있는 것은 그림 속 대상을 단순한 우상으로 섬기지 않았음을 의미한다. 섬기는 대상은 쉽게 볼 수도 없는 두려운 존재이므로 그 이미지도 막연할 것이며, 두려운 대상은 늘 상상^fantasy^을 동반하므로 상징화된 그림이나 조각으로 남겨지게 된다. 따라서 들소의 영혼을 숭배하고 그런 제사의식을 거행하고 사냥에 나섰을 것이라는 이야기도 다시 생각해볼 문제이다. 다만 리더가 된 고대의 화가가 자신의 지위를 더욱 공고히 하기 위한 사기극을 벌였을 가능성은 크다. 그림 하나에 소 한 마리를 사냥했다면 무리는 그들 추앙했을 것이며, 그는 신기충만神氣充滿한 무당 행세를 했을 것이다. 자신이 그린 그림이 부적이 되고, 그 그림을 의미 있게 만들고, 그에 따라 자신은 족장의 지위를 누리며, 왕이 되고, 그것도 신성을 부여받은 왕이 되어 막강한 권력을 누리기 위해 그림을 그리며, 그 그림에 의미를 부여하고, 공을 들였을 것이다. 그림 앞에서 춤도 추고, 노래도 부르는 등 의식을 거행함으로써 주술사가 되어 신의 세계와 인간의 세계를 중재하는 역할을 자처하게 되는 것이다. 이쯤 되면 고대의 화가는 더 이상 사실적인 그림을 그리지 않아도 된다. 사냥꾼들은 여러 번의 경험을 통해 이미 잘 훈련된 조직이 되어 있으니 그림의 영향을 크게 받지 않을 것이라는 말이다. 상형문자가 그러했듯이 이런 상징화, 추상화, 기호화의 과정을 거쳐 그들만이 아는 문자가 만들어진다. 이 문자는 역사 이래로 윗사람들의 전유물이었음을 상기할 필요가 있다. 이것은 아주 중요한 권력 승계의 방편이었던 셈이다.

최초의 인류는 그림을 그렸으며, 그림을 잘 그리는 이는 자연스레 의사소통의 중심에 있게 되고, 무리의 지도자가 되었으며, 그러한 권력의 유지를 위해 그림은 점차 상징화, 추상화의 과정을 거쳐 왔던 것이다. 또한 이 시기의 그림은 춤과 노래를 동반하는 주술 의식과 하나의 세트로 구성되어 있었으므로 현대 예술가들이 벌이는 퍼포먼스(행위예술)의 시초라고 할 수 있다.

〈라스코 동굴벽화〉의 부분을 보면 사냥감이었던 소, 말, 사슴 등을 그릴 때와 확연히 차이가 나는 그림을 발견할 수 있는데,

바로 사람을 그렸을 때이다. 유
독 사람을 그릴 때만큼은 마치
'졸라맨' 같은 상징화된 모습으로
그려 넣은 이유는 무엇일까. 위
에서 했던 이야기를 이어 설명하
면 그날그날의 사냥감이었던 들
소는 그 개체의 모습을 아주 사
실적으로 묘사해 표적을 일치시
킬 필요가 있었겠지만 그림 속의
사람은 특정한 사람을 지칭하지
않은 그냥 '사람'인 것이다. 이 사

◯ 〈라스코 벽화〉의 부분

람은 분명 남자인데, 남자임을 분명히 알 수 있는 이유는 그림의
상징적 표현 때문이다. 남자는 사냥꾼이며, 위험한 소 사냥에서
실패해 쓰러져 있는 것이다. 그리고 영혼의 세계로 인도하는 새
그림이 같이 그려져 있는 것으로 보아 죽음을 암시하는 장면임
을 알 수 있다. 이 죽음은 사냥터에서 일어날 수 있는 일에 대한
경각심을 일깨우기 위한 그림이며, 이를 통해 고대 화가는 자신
의 위엄을 더욱 고취시킬 수 있는 것이다. 왜냐하면 지시대로 행
하지 않을 경우에 그림의 남자처럼 죽을 수도 있다는 경고로 읽
히기 때문이다. 그 대상은 또 불특정 다수로 누구라도 그런 처지
가 될 수 있으므로 두려움은 더욱 클 것이다.

의미를 부여할 대상과 그렇지 않은 대상은 그림에서 차이가 나는데 재미있는 것은 의미 있는 대상일수록 그림으로는 대충 그려졌다는 사실이다. 그런데 이 '대충'이라는 말은 철저히 현대인의 관점에서 표현된 말이다. 대충 그려진 것 같은 사람과 새 모양은 아주 오랜 고민과 생각이 담겨 그렇게 상징화·추상화 과정을 거친 것이므로 숙련된 솜씨를 지닌 현대 화가들이 굳이 추상화를 그리는 이유와 같기도 하다. 피카소 역시 젊은 시절 사실주의화가였다가 점차 추상화가로 옮겨갔다. 사물의 본질을 캐내고, 누구에게나 적용 가능하도록 하기 위한 보편화 작업은 사실 쉬운 일이 아니기에 태초의 화가는 현대의 그 어떤 예술가에게도 뒤지지 않는 종합 예술인이었으며, 그에 따른 부와 명예도 보장받은 셈이다. 역사를 통틀어 예술가의 지위가 이렇게 높았던 적은 없으니 말이다. 아무튼 그들이 추상화하고 상징화하는 대상은 의미가 있고 가치가 있으며, 감정이 더욱 많이 실리는 대상이 되는 것이다. 소통의 필요가 많아지고 많은 공감이 필요할 때 은유와 비유와 상징으로 함축되어 전달되는 것은 그런 표현 속에 이미 수많은 고민이 담겨 있기 때문이다.

44사이즈에는
비너스의 매력이 없다

—

먼저 〈빌렌도르프의 비너스〉.

1908년 오스트리아 빌렌도르프 지방에서 구석기시대의 것으로 추정되는 조각상 하나가 발견되었다. 유명한 〈빌렌도르프의 비너스〉이다. 인류 최초의 누드 조각이라는 점을 감안하면 무척 흥분되는 사건이었을 테지만 사실 그 조각은 볼품없이 신체를 과장한 뚱뚱한 몸매를 하고 있다. 그런데 이름을 비너스라고 붙인 것을 보면 이름 붙인 이들의 넌센스가 대단한 것 같다. 그리스신화에 등장하는 비너스는 말이 좋아 미의 여신이지 사실 성적인 매력이 철철 넘쳐 수많은 남신들을 유혹했던 섹스의 여신이다. 신화에서 비너스는 외적인 매력만 강조되고 내적인 아름다움은 전혀 언급되지 않는다는 점을 기억해야 한다. 그런데 현

〈빌렌도르프의 비너스〉

대인의 시선으로 보면 도무지 성적인 매력이라고는 찾아볼 수 없는 이 조각을 어떻게 미의 여신인 비너스와 비견하다고 보았단 말인가? 구석기인들은 과연 이 조각을 무슨 용도로 만들었을까? 현대인들이 붙인 이름처럼 이 조각에서 단순한 애정을 뛰어넘는 성애적 느낌, 즉 에로티시즘을 느낄 수 있었을까? 이를 구석기시대의 '에로틱 미술'[3]이라 할 수 있을까? 분명한 것은 이 조각상에 비너스라는 이름을 붙인 데에는 단순한 넌센스 이상의 의미가 있을 것이다.

성[性]이라고 하는 것은 본능적이고 개인적인 것이지만 모든 사람에게 공통적인 삶의 요소이다. 그런 까닭에 시대와 사회적 조건에 따라 윤리와 풍습이 다르게 나타나는 성은 시대상을 반영하는 문화 형태의 하나이다. 인간의 본능인 성[性]이라는 주제는 고대로부터 현대에 이르기까지 끊임없이 사람들에게 회자되어 왔다. 이러한 에로티시즘은 쾌락을 동반하는 인간 고유의 복잡한 성적 활동이지만, 동물의 성적 활동은 주기적 양상을 지닌 생식의 수단에 불과하기에 인간의 그것과는 분명히 다른 측면이 있다. 그런 의미에서 '포르노그라피'[4]와도 구별된다. 에로티시즘

3　에로틱 미술이란 사랑, 연애, 성애(性愛)등 본능적인 사랑을 묘사한 미술 작품을 일컫는 말로 1960년대에 들어와서 미술의 본격적인 주제로 부각되었다. 예술 표현에서 에로티시즘은 자연스럽게 성애를 드러내는 것이다.
4　포르노그라피의 이미지는 노골적이며 단지 목적에 대한 수단이라고 할 수 있는 것으로, 성적 행위 자체에 초점을 맞춘 것을 의미한다.

이란 사회에 따라 그리고 시대에 따라 변하는 문화적 개념임과 동시에 불변하는 인류 보편적 속성이다. 이 점에 유의해서 이 비너스상을 살펴보면 우리는 구석기인의 미감을 감지할 수 있다.

흔히들 동서양을 막론하고 미의 대명사로 비너스를 꼽는다. 비너스는 미의 상징이자 사랑의 여신으로서 주로 누드로 표현된다. 그런 측면에서 최초의 여인 누드상인 〈빌렌도르프의 비너스〉는 더욱 의미심장하다. 이 조각상은 기원전 약 22,000년경의 것으로, 재질은 석회암이고 높이가 약 13.5cm정도이다. 지나친 과장과 생략으로 표현된 이 조각상에는 여성의 특징이 현저하게 강조되어 있는데, 가슴과 배 부위를 풍만하게 그리고 성기는 기형적으로 볼록하게 표현한 반면, 얼굴이나 팔다리의 경우는 간결하게 처리하고 있다. 또한 머리의 경우 머리카락만을 표현하고 있을 뿐 얼굴의 세부적인 묘사는 없다. 그것은 얼굴의 미모에 초점이 맞춰진 것이 아니라 다산과 풍요로 대변되는 에로티시즘을 상징적 이미지로 형상화했기 때문이다. 인류를 생산하는 기능을 충실하게 갖춘 이 비너스상은 그 시대의 성적 미감을 잘 함축하고 있는 뛰어난 예술품이다. 특히 배꼽의 표현에서 우리는 구석기인의 지혜와 예술적 감각을 엿볼 수 있다. 배꼽은 생명의 근원이다. 바로 이 생명의 근원을 인위적으로 만들지 않고 원석의 자연 상태를 그대로 활용하고 있는 것이다.

인간이 아닌 대자연의 섭리에 의해서 창조된 절대 미감, 이를 조각한 예술가의 에로티시즘을 누가 뭐라 하겠나? 이 뚱뚱한 여인 누드 조각은 누가 뭐래도 비너스이다.

그리고, 〈밀로의 비너스〉.

속옷 광고 부동의 표지 모델 비너스. 물론 〈빌렌도르프의 비너스〉를 말하는 것은 아니다. 사랑과 미의 여신인 비너스는 그리스신화에 나오는 아프로디테의 영어식 표기이다. 아프로디테^Aprodite^란 본래 '거품'이란 의미의 아프로스^appros^에서 유래한 말인데, 이 말에 바로 탄생의 비밀이 담겨 있다. 하늘의 신인 우라노스와 대지의 여신인 가이아 사이에는 여러 자식들이 있었는데, 이들이 성장하자 두려움을 느낀 우라노스는 자식들을 대지 밑에 가둬 버린다. 이에 반발한 자식들 중 하나인 크로노스가 밤에 우라노스의 방에 들어가 남근을 잘라 바다에 던져 버리고 서양 최초의 신족神族인 티탄 족의 왕이 된다. 잘려 버려진 우라노스의 남근은 바다를 떠다니다가 흰 거품을 내기 시작했는데 그곳에서 아름다운 처녀, 즉 아프로디테(비너스)가 탄생되었다고 한다.

비너스는 본래 불의 신인 헤파이스토스하고 결혼을 했으나 헤파이스토스가 너무 못생기고 절름발이여서 바람을 많이 피우게 되는데, 비너스와 가장 많은 염문을 뿌린 이가 바로 전쟁의 신인 아레스(로마에서는 '마르스'라고 부름)이다. 비너스의 자식들은 다섯 명이나 되는데 사랑의 신인 에로스도 그 자식 중의 하나이

○ 〈밀로의 비너스〉, BC 120~130(BC 5세기경의 원작을 복사한 작품), 루브르 박물관, 파리

다. 그밖에 비너스의 연인으로는 제우스의 전령인 헤르메스, 바다의 신인 포세이돈, 미소년 아도니스 등이 있다. 비너스는 대단히 바람기 많고 자유분방한 애정 행각을 즐겼던 여신으로 요즘의 윤리관으로 보면 정숙치 못하다는 평을 들을 것이다. 심지어 신들의 왕인 제우스조차도 비너스에게 반했다고 하니 그 끼가 눈에 선하다. 기품과 자신에 찬 아름다움을 지닌 제우스의 부인 헤라, 이지적인 용모와 지혜를 지닌 아테나, 요염하고 아름다운 자태를 지닌 아프로디테는 그리스의 대표적인 세 여신이다. 이들 중 아프로디테, 즉 비너스는 미의 여신으로서 그 관능적인 자태가 뭇 남성들의 마음을 설레게 하는 에로티시즘의 표상이다.

그런데 주목할 만한 것은 그리스에서 남신상은 주로 완전한 나체로 묘사되지만 여신상은 한결같이 옷을 걸친 모습이다. 당시 올림픽경기에 참가하는 건강한 육체의 남성상을 떠올려 보라. 그리고 가감 없는 남근까지. 반면에 여신상인 〈밀로의 비너스〉는 하반신을 옷으로 가리고 있는데, 차라리 전라보다 더 감각적이고 자극적이다. 허벅지와 다리의 윤곽이 은근히 드러나지만, 하늘거리는 얇은 천으로 부끄러운 듯 살포시 걸친 그 모양세가 묘한 상상력을 불러일으킨다.

밀로토스Milotos 지방에서 발견된 〈밀로의 비너스〉는 얼굴의 묘사에서는 고전기의 우아함을, 신체의 균형 있는 비례와 머리의 표현에서는 헬레니즘기의 감미로운 여운을 풍기고 있다. 이 비너스상은 그리스 조각상에서 보여주는 이상미가 그대로 반영되어 있다. 8등신, 그리고 배꼽을 중심으로 상반신과 하반신은 각각 0.382와 0.618로 나뉘는 미의 법칙(황금비례)[5]을 준수하고 있다. 뿐만 아니라, 신을 형상화했지만 인간의 욕망이 고스란히 드러난다. 고귀하고 우아한 모습을 보여 주고 있지만 곡선의 몸매에서는 확실히 인간의 본능을 자극하는 관능적 요소가 진하게 묻어 있는 것이다.

그러나 이상과 현실은 거리가 멀다 했던가? 이 8등신 미녀에게서 느껴지는 에로티시즘을 그대로 현실로 가져온다면 우리는 좀 용납하기 힘든 아름다움과 맞닥뜨리게 될 것이다. 키가 204센티미터는 족히 넘는 이 우람한 여인네를 누가 쉽사리 사랑할 수 있겠는가. (최홍만, 그라면 또 모를까.)

지금 우리의 비너스는? 44사이즈?

지금 대한민국 여성들의 화두는 단연코 숫자 44이다. 섹시한 표정과 잘록한 허리, 그리고 큼직한 힙을 자랑하던 마를린 먼로도, 만인의 연인이었던 오드리 헵번조차도 어림없는, 아마도 말라깽이 '삐삐'라면 가능한 사이즈의 옷이 무엇 때문에 열풍일까. 시대가 변하니 미의 기준도 바뀌었을까.

---

5   소위 말하는 카논(canon: 이상적인 인체의 비례)을 의미한다.

앞서 말했던 두 비너스 역시 외형적으로는 분명 다른 미의 기준이 있었다.[6] 그러나 두 비너스는 여전히 미의 여신이었고, 여전히 인간의 성애와 관련한 에로티시즘을 담고 있다. 그것은 그 시대의 정신이 담겨 있기에 결코 천박하거나 통속적이라고 치부할 수 없는 아름다움 그 자체이다. 〈빌렌도르프의 비너스〉에게서 볼 수 있는 과장된 성기에서 풍요와 다산 그리고 그것을 가능하게 해 주는 성애를, 그리고 〈밀로의 비너스〉에서 볼 수 있는 살짝 비튼 몸매(사실, S라인의 원조는 이 비너스였던 것)에서 관능적인 사랑과 미의 정제됨을 발견할 수 있다. 이 두 에로티시즘에는 공통점이 있는데 그것은 바로 성애의 표현이며 대상이라는 점이다. 하나는 자연의 모습을 그대로 드러내고, 오히려 과장하여 보여줌으로써 강조하고 있으며, 또 다른 하나는 치밀한 계산 아래 쉽게 흐트러뜨리지 못할 미의 규준을 형상화하면서도 인간의 성애적 욕망을 드러내었다. 〈빌렌도르프의 비너스〉의 과감한 성기는 〈밀로의 비너스〉에서는 다소 큰 골반으로 이어진다고 할 수 있겠다. 시대가 바뀌고 공간이 바뀌어도 인간이 지닌 미의 원형 한 편에 성애를 매개로 하는 인간 본능이 자리 잡고 있음을 보여 주는 것이다.

---

6 실제로 고전기 미의 기준이었던 7등신(폴리클레이토스)은 헬레니즘을 거치면서 8등신(뤼시프스)으로 조절된 사례가 있다.

44사이즈 열풍에는 그러한 아름다움이 없다. 작은 가슴과 아이를 출산하지 않은 여성의 좁은 골반. 그것은 인류가 지금껏 아름답다고 했던 것, 오래된 〈빌렌도르프의 비너스〉는 차치하고, 미의 여신으로서 아름다운 여체를 대변하는, 그래서 부동의 여성 속옷 모델이 된 〈밀로의 비너스〉와도 너무 다른 모습인 것이다. 관능미 없는 여성들이 44사이즈 옷을 입고 거리를 활보하는 시대에 자칫 44사이즈가 우리 시대를 대변하는 미의 카논이 될까 염려스럽다. 지금껏 우리는 아름다움을 단순한 시각적인 것에 국한하지 않았다. 그것이 비록 시각적이라고 할 때, 그래서 비례를 중요시하고, 몸매에 정성을 들였을 때조차도 외적인 아름다움에 사랑의 감정이 더해지고, 정신과 영혼의 만족과 동시에 인류 생존 및 보전의 본능적 쾌락이 혼용되어 있는 에로티시즘을 표방한 것이다.

라오콘의 절규는
로마의 '역사 찾기'이다

—

영화 〈트로이〉에는 시대의 두 영웅 아킬레스(브레드 피트)와 헥토르(에릭 바나)의 세기적 전투가 주요 장면으로 묘사되고 있다. 그리스신화에 의하면 이 전쟁은 신들의 사소한 질투와 음모, 즉 세 여신(헤라, 아테나, 아프로디테)의 미에 대한 경쟁에서 시작된다. 이 경쟁에서 이기고자 한 아프로디테가 판결권을 가진 트로이 왕자 파리스에게 그 대가로 이미 결혼한 스파르타의 왕비인 헬레나와의 사랑을 약속한 것이다. 미의 게임에서 이긴 이는 다름 아닌 비너스, 즉 아프로디테이고 나머지 두 여신은 여전히 시기와 질투에 사로잡혀 있게 된 것이다. 이루어질 수 없는 두 사람의 사랑은 결국 국가 간의 전쟁으로 번져 나간다. 신들의 사소한 질투심 때문에 의해 인간들은 피비린내 나는 전쟁을 겪

◈ 〈라오콘 군상〉, BC 1세기경, 바티칸 미술관

게 된 것이다.

트로이전쟁은 결국 그리스(스파르타)의 승리로 끝이 나지만 그 끝은 영화 〈트로이〉의 클라이맥스였던 아킬레스가 헥토르를 이긴 그 싸움이 아니라 트로이목마에 의해서이다. 지략가 오디세우스의 계획에 의해 거대한 목마가 트로이 성내로 옮겨지고 한밤중 그 목마 속의 그리스 군사들에 의해 트로이는 멸망당하고 만 것이다. 이 과정에 목마를 성으로 들이기 위해 성벽을 허물었던 트로이인들의 어리석음이나 여신들의 질투심에 놀아난 인간들의 하찮음이 이 신화의 숨은 배경이 된다. 그러므로 신화는 필연적으로 어리석은 인간들(트로이인)의 패배로 이어지는 것이다. 이상이 그 유명한 호메로스[7]의 위대한 서사시 『일리아스』의 내용이다. 신화의 나라 그리스의 트로이 정복기는 이렇게 신에 의해 어리석은 인간들이 놀아난 내용으로 꾸며져 있다.

그러나 헬레니즘기를 거치면서 로마시대로 오면 이 신화는 베르길리우스[8]에 의해 다른 버전으로 재구성된다. 그 중심에 라오콘이 있는 것이다. 앞선 시대의 신화는 이제 로마의 역사가 된다. 트로이는 로마의 전신이다. 바로 아우구스투스 왕가의 탄생지이다. 트로이 왕족인 아이네이아스가 이탈리아로 탈출하여 세

7 Homeros. BC 8세기경의 대표적인 구술 시인.
8 Vergilius. BC 70~19. 아우구스투스시대의 시인. 대표작인 『아이네이스』는 로마 건국에 대한 찬양들로 가득하다.

운 나라가 바로 로마이다. 그러므로 로마에 의해 그리스가 정복되는 것은 로마인들의 복수극이 된다. 호메로스의 서사시에서 인간은 무능했으나 베르길리우스의 트로이 사람 라오콘은 끝내 신들의 탐욕(그리스)에 저항하며 몸부림쳤던 것이다. 그는 트로이목마가 들어오는 날 사람들에게 경고하였으며, 이를 못마땅하게 여긴 아테나 여신(그리스편의 배후를 봐주던, 미의 대결에서 아프로디테에게 진 여신)이 보낸 두 마리 큰 뱀에 의해 살해당한다. 그러나 라오콘의 희생은 트로이 부활의 불씨를 남겼으며 아이네이아스에 의해 로마로 재탄생한 것이다.

1506년 1월 14일 콜로세움 근처 포도밭에서 한 농부가 발견한 이 조각상은 헬레니즘 미술의 대표작이며(대리석, 높이 2.42m, 바티칸 미술관) 기원전 1세기 중엽 로도스 섬의 세 조각가 하게산드로스Hagesandros, 아테노도로스Athenodoros, 폴리도로스Polydoros가 제작한 것으로 알려져 있다.

한편 미술사학자 빈켈만J.J.Winckelmann(1717~1768)은 베르길리우스가 『아에네이스』에서 "라오콘이 별에까지 들릴 정도로 무섭게 부르짖었다."고 한 부분을 비판하며 다음과 같이 썼다.

"그리스 걸작들의 일반적이며 탁월한 특징은 표현에서의 고귀한 단순과 고요한 위대이다. 바다 표면이 사납게 날뛰어도 그 심해는 항상 평온한 것처럼, 그리스 조상들은 휘몰아치는 격정 속에서 침착함을 잃지 않는 위대한 영혼을 나타낸다. 이러한 영혼은 격렬한 고통 속에 있는 〈라오콘 군상〉의 얼굴에 묘사되어 있다. 그 고통은 얼굴뿐만 아니라 육체의 모든 근육과 힘줄에도 나타나 있어서 우리들은 얼굴이나 육체의 다른 부분을 보지 않고 고통으로 움츠리는 하복부를 보는 것만으로도 이러한 고통을 느낄 수 있다. 그러나 얼굴이나 전체 자세에서는 전혀 고통에 찬 격정이 드러나 있지 않다. 베르길리우스의 작품에서 라오콘이 지른 비명과 같은 그런 비명은 지르지 않는다. 그 열린 입은 비명을 허용하지 않기 때문이다. 사돌레토가 묘사한 것처럼 그것은 오히려 괴로워서 호흡이 곤란한 신음이다. 육체의 고통과 영혼의 위대함은 조상 전체의 구조를 통하여 동일한 강도로 분배되어 균형을 이루고 있다."[9]

일반적으로 그리스로마시대 미술의 양식적 특징을 격정에 차 있으나 고요하고 조용한 미술, 즉 고전적인 미술로 표현한다. 이는 사실 빈켈만의 견해로서, 이러한 생각으로 라오콘을 보면 고통과 격정에 차 있으나 그 고통을 속으로 감내하는 고요함이 라오콘의 얼굴에 드러나 보이는 것으로 해석할 수 있다. 빈켈만의

9 J.J.Winckelmann, *Gedanken über die Nachahmung der griechischen Werke in der Malerei und Bildhauerkunst*, 1755, 민주식 역, 『그리스미술 모방론』, 이론과실천, 1995, p.74

견해를 빌어 해석하면 라오콘은 신의 조정과 간섭에 의해 고통으로 몸서리치는 인간을 넘어서는 인간의 의지를 드러내는 것으로 볼 수 있다. 작품 속에서 죽어가는 두 아들과 함께 단 위에 앉아 있는 라오콘은 제사장이었다. 그는 제단에서 부정한 짓을 하여 두 아들을 얻은 것이다. 그러므로 고통스러우나 지지 않으려는 저항 의식이 소리쳐 고통을 표현하지는 않았을 것이라는 것이다. 이를 로마식으로 다시 해석하자면, 그리스에 대한 비판과 저항 의식이 담겨져 있는 것으로 볼 수 있다. 라오콘은 절규와 함께 죽음을 맞이했을까 아니면 온몸의 핏줄이 터지고 근육이 튀어 나올 듯한 고통을 신음소리 하나로 참아가며 죽음을 맞이했을까?

로마인에게 라오콘은 우리나라의 일제시대 독립운동가와 같은 존재였을 것이다. 그 독립운동가가 일제의 갖은 고문과 박해를 견딜 때 큰 소리 내며 아파했을까 아니면 의연하고 묵묵히 고통을 감내했을까? 그 비밀은 사실 작품 속에 담겨 있다. 아테나 신전의 사제였던 라오콘은 지금 벗은 몸이다. 그리고 그는 제단 위에 앉아 있는 모습으로 묘사되었는데 상식적으로 큰 뱀과 사투를 벌이는 와중에 저렇게 앉아서 힘을 쓰고 있을 수 있을까? 그리고 그의 두 아들의 몸은 이미 성인이지만 라오콘과 비교해 보면 어린아이와 같다. 바꾸어 말하면 라오콘은 거인인 것이다. 당시 신화에서 신들이 가장 두려워하는 인간 종족이 바로 거인

족이었다고 하니 신을 상대하는 인간으로서 당연한 설정이다. 게다가 큰 뱀에 휘감겨 죽어가는 두 아들 중 오른쪽의 아들은 이제 막 풀려날 것 같은 느낌이 든다. 신화의 내용과 다른 가능성을 염두에 둔 것이다. 이는 트로이의 왕족 일가가 당시 몰래 빠져나와 로마의 아우구스투스 왕가를 이루는 것과 무관하지 않다. 조각가는 철저히 로마인의 입장에서 트로이의 영웅 라오콘을 형상화한 것이다.

라오콘, 그는 지금 입을 벌려 신음하고 있다. 신음인지 큰 소리인지가 무슨 큰 의미가 있을까 싶지만 일제시대 우리 독립운동가들의 자존심과 같은 마음이 그들에게 있을 것이다. 그는 지금 날숨을 쉬고 있다. 그의 배가 깊게 들어가 있지 않은가. 날숨을 다 뱉고 나면 어떤 소리도 나지 않는다. 그는 지금 소리 나지 않는 큰 싸움을 벌이고 있는 중이다. 그리고 그리스신화는 트로이 전쟁을 끝으로 로마의 역사로 각색되어 전해진다. 이제 더 이상 신들의 이야기는 중요하지 않고 로마인들의 이야기가 역사의 중심이 된 것이다. 하게산드로스, 아테노도로스, 폴리도로스 이들 세 조각가는 로마 사람이다. 그들에게 그리스신화보다 로마의 역사가 중요한 것임은 두말할 나위도 없거니와 트로이는 로마의 전신이므로 트로이 사람 라오콘의 이야기는 자신들의 '역사 찾기'였던 셈이다.

그리스신화의
음란 코드도 필독서일까?

—

무엇이든 못 취할 것이 없는 신들의 제왕 제우스도 몰래한 사
랑이 있었으니 바로 다나에와 얽힌 이야기이다. 아르고스의 왕
아크리시오스는 장차 자신의 손자에게 죽임을 당할 것이라는 예
언을 듣게 되고, 이를 두려워한 나머지 자신의 딸 다나에를 탑에
가두어 세상의 어떤 남자도 만날 수 없게 만들어 버렸다. 그런
데 항상 비련의 여인은 아름다운 법. 갇혀 있는 공주가 아름답지
만 않았어도 불행은 시작되지 않았을 텐데 왜 항상 아름다운 건
지……. 바람둥이 제우스는 다나에에게 반해 버렸고, 부인인 헤
라의 질투를 피하기 위해 '황금비Golden rain'로 변신해 높은 탑 속
에 갇혀 있던 다나에의 체내로 들어가 사랑을 나누었다고 신화
는 전한다. 이렇게 해서 태어난 페르세우스는 훗날 메두사를 물

◎ 〈다나에〉, 클림트, 1907, 비엔나 미술관

리친 영웅이 되고, 아르고스의 왕에게는 예언대로 비극이 시작된다. 이 이야기를 주제로 그림을 그린 화가 클림트는 오스트리아 빈에서 활동했던 표현주의 작가이다. 그의 작품 〈다나에〉를 보면 차마 입에 담기 힘들 정도로 음란하고 불경스러운 소재들이 많은데 이상하게 어린이들이 꼭 보아야 할 작품으로 추천되는 것은 이해하기 힘들다. 특히 그림책으로 출간된 그리스신화들 중 일부는 벌거벗은 남녀들로 가득하고 내용상 불륜에 해당하는 사랑의 장면으로 넘쳐나며, 남자의 능력과 여자의 외모로 모든 것이 해결되는 듯한 장면들이 대부분이니 정말 심각한 고민이 필요하다.

화면 좌측 상단에서 화려한 황금비가 내리고 있다. 다나에의 몸을 타고 흘러내리고 있는 것은 빗물인데, 물의 속성상 온몸 구석구석을 빠짐없이 타고 흘러내리도록 묘사한 것이 참 묘한 상상을 불러일으킨다. 게다가 진한 사랑의 행위를 나타내기 위해 클림트는 몇 가지 장치를 추가하는데, 그녀를 감싸고 있는 망사 재질의 물결무늬 천이 그녀를 부드럽게 감싸고 있으며, 흐느끼듯 황홀함의 극치를 보여주는 그녀의 표정, 뜨겁게 달아오른 그녀의 뺨과 붉게 부푼 입술, 가슴으로 향하는 잔뜩 긴장한 손끝은 절정으로 치닫는 제우스와 다나에의 육체적 결합을 훌륭하게 표현해 준다. 황금비는 바로 제우스의 몸이거나 혹은 정액을 나타낸 것이며, 이 빗물은 다리와 허벅지, 그리고 엉덩이 깊숙이……

민망하지만 좀 더 자세히 황금비를 관찰해보면 그녀의 깊숙한 그곳으로 모아진 황금비는 대부분 몸속으로 들어가고 있다는 것을 알 수 있다. 이런 결정적인 순간의 느낌을 그림으로 표현할 수 있는 클림트는 '빈의 카사노바'라고 불릴 정도로 자유분방한 삶을 살았으며 수많은 모델들과 동거를 했고 사생아도 많았다. 그런 경험이 많아서인지 아마도 이렇게 진한 에로틱한 느낌을 표현하는 그림에 있어서만큼은 클림트가 최고인 듯하다. 그런 클림트의 그림을 한국인들이 참 좋아한다는 것도 예의와 인륜을 중요시하는 우리네 정서에 비추어 보면 의아스럽기까지 한 것이 사실이다. 〈키스〉라는 그림 속에서도 키스의 황홀함에 빠져있는 여인의 손끝, 그 손끝이 파고드는 남성의 굵은 목덜미, 잔뜩 긴장한 여인의 발목 등 눈여겨보면 아마 가슴이 두근거릴 정도의 에로틱한 감정을 발견할 수 있을 것이다. 특히 두 남녀가 부둥켜안고 있는 전체적인 실루엣의 형태가 남성의 그것을 닮아 있음을 발견한다면 클림트의 짓궂음에 탄복이 나올지도……. 어쩌면 쉬 표현 못 하지만 표현 욕구가 억제되어 내재된 감정을 이런 그림을 통해 발견할 수 있어서 무의식적으로 이런 표현주의 그림을 좋아하는지도 모를 일이다.

신화 속 제우스와 다나에, 그리고 그림을 그렸던 클림트는 금지되어 있지만 사랑이라는 이름으로 당당히 이야기를 드러내고 있다. 그렇다면 무엇이 금지되었을까? 사랑은 아름다운 것이고 선한 것이고 진실한 것인데 어떤 사랑은 괜찮고 어떤 사랑은 금지되어 있다는 것은 아무래도 육체적·물질적 사랑 때문이리라. 그러니 누구라도 마음으로 사랑하고 존경하며 아껴 주는 것은 가능하지만 어떤 경우에는 제우스와 다나에 혹은 클림트처럼 사랑의 행위로 옮겨서는 안 된다는 것 아닐까. 그 순간 진실하고 선한 아름다움을 지닌 이 사랑은 불륜이 되고 패륜이 되고 마는 것이다. 그래서 오래 전 유행가의 "사랑해선 안 될 사람을 사랑하는 죄이라서……."라는 가사에서 그 죄는 정서적이고 이성적인 사랑을 육체적인 사랑으로 옮겼기에 죄가 되는 것임을 짐작케 한다. 그런 금기 사항을 깨뜨린 사람들은 윤리적인 죄를 인정하지만 사랑이라는 이름으로 어쩔 수 없는 일이었다고 포장되기를 원하기도 하는데, 바로 윤리와 도덕을 뛰어넘는 위대한 사랑으로 말이다. 드라마, 영화, 소설에서 이런 장면을 접하는 대다수도 죄의 값보다는 '그럼에도 불구하고' 사랑을 실천한 것에 동조하거나 박수를 보내기도 하니 그리스신화의 부적절한 내용을 눈감고 필독서로 만들어 놓은 것만큼이나 아이러니한 것이 사랑인가 보다. '내가 하면 로맨스, 남이 하면 불륜'이라는 말이 새삼 떠오르는 그림이다.

벌거벗은 남자들,
왜 벗었을까? 누가 벗겼을까?

—

그리스미술의 특징 중 하나는 바로 남자들의 멋진 근육미가 드러나는 조각상에 있다. 유명한 페이디아스Pheidias, 알카메네스 Alkamenes, 폴리클레이토스Polykleitos, 리시포스Lysippos, 프락시텔레스 Praxiteles, 미론Myron과 같은 그리스의 조각가들의 작품은 로마시대에 대리석 모각으로 제작되어 지금껏 남아 있을 수 있게 되었다. 유네스코보다도 먼저 문화유산보호라는 일을 빨리도 실행한 로마인들, 그리고 그들의 문화 정책은 이미 우리에게 익숙한 사실이다. 지중해의 패권을 그리스에서 로마로 옮겨온 그들이 가장 먼저 한 일은 그리스의 신화를 로마의 역사로 만드는 일이었다. 그리스가 신들이 통치하고 신의 보호를 받는 나라였다면 로마는 사람에 의해 통치되는 사람의 역사여야만 했던 것이다. 그런데 그리스의 신상들을 옮길 때와 달리 자신들의 초상을 조각할 때에는 한결같이 갑옷이나 옷가지 등을 걸친 모습으로 보여주고 있는데, 이는 신이 아닌 인간이기에 갑옷의 화려한 장식이나 옷가지의 복잡한 주름에 그리스인들보다 덜한 그들의 육체미를 살짝 감추려는 의도가 있었는지도 모를 일이다. 아니면 그리스시대의 예술가들의 상전에 대한 비아냥거림이었을지도 모르겠다. "임금님 귀는 당나귀 귀……."

밀레토스에서 제작된 암포라amphora(고대 그리스나 로마시대에 쓰던, 양 손잡이가 있고 목이 좁은 항아리)에 그려진 그리스 남성들은 하나같이 발가벗었으며, 달리고 있는 중이다. 엉덩이에서 다리에 이르는 대둔근, 대퇴근의 묘사는 영화 〈터미네이터Terminator〉의 건장한 주인공 아놀드 슈왈츠제네거의 우람한 몸매를 떠올리게 한다. 그리스시대에 제작된 발가벗은 남자들은 그렇게 멋있지만 부끄럽게도 치부를 훤히 드러내어 놓고 있다.

❂ 암포라

다음에 보이는 대리석 조각들은 팔다리가 없어진 관계로 토르소Torso라고 부른다. 많은 시간이 흐르는 가운데 비바람에 풍화되

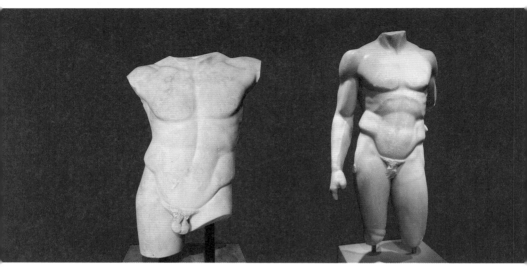

○ 그리스시대 토르소

고, 넘어지기도 하며(이때에는 튀어나온 부분이나 가느다란 부분이 먼저 깨진다), 때로는 종교관이 다른 사람들에 의해 파손되다 보니 이처럼 몸통만 남은 작품으로 전해지게 된 것이다. 쿠로스kuros상이라고 불리는 청년 조각상들은 소녀들을 조각한 코레kore상과 차별을 보여준다. 코레들은 모두 옷을 걸치고 있지만 쿠로스에서는 한결같이 옷을 벗고 있는 것이다. 이게 그리스인들의 독특한 취향이 아닌가 한다. 부드러운 여자보다는 남자의 근육미가 더욱 뛰어나다고 보는 그리스인들은 신상에서 영웅상에 이르기까지 이러한 자체 법도를 준수하고 있다. 그런데 굳이 그 부분까지 다 드러내어 놓아야 할까.

　제우스 신전의 부조에는 신화에 등장하는 영웅 헤라클레스가 크레타의 황소와 겨루는 장면이 남아 있다. 물론 그도 옷이나 갑옷 따위를 일체 걸치지 않았다. 왜? 그는 제우스라는 최고신의 아들일 뿐만 아니라 그리스의 영웅이기에 멋진 근육미를 보여줄 신화적인 의무감을 충실히 수행할 필요가 있었다. 영국 빅토리아 시기의 화가 레이턴Lord Frederick Leighton이 그려낸 헤라클레스 또한 발가벗고 있다. 물론 죽음에 직면하여 슬퍼하고 있는 다른 이들은 다 옷을 걸치고 있지만 우리의 영웅인 헤라클레스는 자신의 상징물인 사자 가죽을 앞쪽으로 하여 죽음의 신과 겨루는 멋진 뒷태를 고스란히 드러내는 친절함까지 보여준다. 친구를 살리고자 하는 그의 간절함은 죽음의 신을 물리치기 위하

◉ 제우스 신전 부분

◉ 〈죽음의 사자와 싸우는 헤라클레스〉, 1870, 프레데릭 레이턴,
레이턴 미술관, 런던

여 그의 손목을 꽉 틀어잡고 있다. 한 발 뒤로 뺀 왼쪽 다리는 그의 긴장된 몸의 근육미를 제대로 보여준다. 이와 같은 근육의 긴장감은 리시포스^{Lysippos}, 프락시텔레스^{Praxiteles}, 미론^{Myron}과 같은 그리스 조각가들에게는 꼭 풀어야 할 과제로 남아 있었다. 그들은 자신들의 과제를 그냥 넘기지 않았다. 후대의 사람들이 경탄의 눈으로 쳐다볼 만한 불멸의 역작을 제작하기에 여념이 없었을 것이다. 그리고 "임금님 귀는 당나귀 귀!"라고 외치고 있는지도……. 이 건장한 영웅이 달고 있는 남성성의 상징은 사실 그 몸에 비에 어린아이의 그것과 별반 차이가 없는 것은 우연일까.

인체 연구의 결실이자 근육미의 극적인 표현은 헬레니즘 시기에 제작된 〈라오콘 군상〉에 몽땅 담겨 있다. 고통에 비틀어진 몸뚱어리의 모든 근육은 징그러울 정도로 살아서 꿈틀거리고 있다. 해부학 공부에 이보다 더 좋은 모델이 또 있을 수 있을까. 르네상스의 천재였던 미켈란젤로^{Michelangelo}에게도 이보다 더 큰 스승이 없었을 것이다. 르네상스 시기 고고학 발굴이 활발했던 관계로 땅속에 묻혀 잠만 자던 조각상들이 일제히 일어나게 되었다. 바티칸의 작품 의뢰를 받고 로마에 와 있던 미켈란젤로가 라오콘을 만났을 때 느꼈을 희열감은 감히 상상하기 어렵다. 그는 〈라오콘 군상〉에 영향을 받아서였는지 망측스럽게도 성경에 나오는 다윗 왕을 발가벗겼다. 〈다비드^{David}〉 상은 그리스 신상 못

○ 〈라오콘 군상〉과 〈다비드〉 상의 여러 모습

지않은 이상적인 육체 표현을 보여 준다. 자세히 들여다보면 손 등의 정맥까지 표현되었으며, 곱슬곱슬한 머리카락도 한 덩어리로 표현되어 있다. 균형감을 잡기 위해 오른쪽 다리에 힘을 싣고 서 있는 다비드가 주는 멋진 맛을 사람들이 알았을 때 미켈란젤로는 천재라는 소리를 들을 수 있었다. 신들의 주체할 수 없는 자기 과시욕일까? 아니면 신화를 만든 인간들의 장난기어린 자존심일까? 아님 로마인들의 그리스에 대한 조롱일까? 미켈란젤로는 왜 성경의 위인을 발가벗겼을까?

사실 〈다비드〉는 발가벗은 것 말고 조각사에서 특별한 의미를 지니고 있다. 피렌체 시청 광장에 놓일 다윗 왕을 위해 미켈란젤로는 당시 회화에서 유행하던 원근법을 역으로 이용해 조각에 실현시켜 놓았던 것이다. 조각상이 놓일 곳과 위치를 고려해 관람자에게서 가까운 아래쪽 부분은 작게 제작하고 머리로 올라가면서 점점 비율을 크게 가져갔다. 그 결과 발 아래서 바라보는 관람자에게 다윗상은 완벽한 비례감을 보여준다. 발 아래가 아닌 정면에서 바라본 다윗 왕은 팔이 지나치게 길고 머리가 큰 우스꽝스러운 비례를 지닌 벗은 남자에 불과하지만 말이다. 특히 뒷모습을 보면 하체가 부실한 다윗 왕의 초라한 모습이 더욱 적나라하게 드러난다. 미켈란젤로의 탁월함이 빛을 발하는 순간이다. 사람들은 다행히도 이 작품을 발 아래에서 감상하며, 그 결과 너무나 아름다운 인체의 비례를 발견하게 된다. 그리고 무엇보다 중요한 것은 조각상이 신상의 의미를 벗어나 그것을 바라보는 관람자의 눈높이를 고려했다는 점에서 관람자를 미술사에 끌어들인 첫 번째 시도라고도 할 수 있다.

그러나 다윗 왕은 기독교의 주인공인 예수의 혈통상 조상이다. 신의 조상인 다윗 왕이 골리앗을 만났을 때 성경은 소년 다윗으로 묘사한다. 그러나 골리앗을 마주한 〈다비드〉 상의 다윗은 더이상 소년이 아니다. 소년이 발가벗은 것과 어른이 벗은 것은 차원이 다르다. 이 작품을 제작하며, 다윗 왕의 아랫도리를 매만지고 있던 미켈란젤로를 상상해 보면 실소를 금할 길이 없다. 예수

시스티나 성당의 〈천지창조〉(천장)와 〈최후의 심판〉(벽) 부분, 미켈란젤로, 1508~1512, 바티칸 박물관

를 낳게 한 조상 다윗의 그 아랫도리를 미켈란젤로가 만지고 있다. 그런데 그것이 몸에 비해 덜 여문 것은 우연일까.

미켈란젤로의 또 다른 역작인 〈천지창조〉와 〈최후의 심판〉은 바티칸의 시스티나 성당 천장과 내부 벽면의 벽화인데, 이 작품 속 등장인물들의 근육질 몸매 역시 그리스 조각상에서 영향을 받은 듯하다. 그중에서도 천장의 중앙에 있는 아담과 하나님의 만남은 예사롭지 않다. 성경은 말한다. "흙으로 사람을 빚어 그 코에 생기를 불어넣었다"라고……. 그러나 미켈란젤로의 〈천지창조〉에서 하나님은 아담의 코에 생기를 불어넣지 못했다.

그리스신화에나 나올 법한 육중한 근육을 지닌 아담은 바람 타고 나타나신 하나님께 대해 매우 불손한 자세를 취하고 있다. 하나님은 바람을 가르며 애타게 아담에게 생기를 불어넣어 주기 위해 안간힘을 쓰고 있는 중이며, 펄럭이는 그분의 망토에 매달려 있는 천사들은 심한 바람으로 인해 몸살을 앓고 있다. 교회의 천장에 그리는 그림인데 왜 성경의 내용과 다른 그림을 그렸을지 의문이 드는 장면이다. 뿐만 아니라 아담의 불손한 자세 탓에 적나라하게 드러난 그의 남성은 그가 인류의 조상이라는 생각을 못 하게 만들어 버린다. 저 물건으로 인류를 퍼뜨렸을 수 있었겠나 싶다. 이브가 적잖이 실망했을 것 같다.

미켈란젤로는 이 시스티나 성당의 천장화에서도 원근법을 역

◉ 〈천지창조〉 부분(아담의 창조)

으로 이용해 가장자리는 작게 그리고 돔의 중앙 부분은 크게 처리해 관람자로 하여금 마치 평면의 그림을 보는 듯한 착각을 불러일으키게 했다. 그가 위대한 예술가인 이유이기도 하다. 신을 위한 그림이나 조각이 아니라 인간, 즉 관람자를 위한 그림과 조각을 만들었던 것이다. 그와 더불어 생각해 볼 수 있는 또 다른 위대성은 다윗 왕과 아담의 치부를 드러냄으로써 기존 교회, 혹은 기독교에 대한 개인의 비판 의식을 드러낸 점이다. 사회를 향한 예술가의 메시지를 남긴 것이다. 고대 그리스가 신의 나라였다면 로마가 인간의 나라였듯이, 미켈란젤로에게 기독교는 인간이 중심이 되어 인간의 눈높이에서 새롭게 해석된 것이다. 서양의 역사에서 르네상스를 '신 중심에서 인간 중심으로의 이행'으로 해석하는데 이를 잘 보여주는 적절한 사례가 될 수 있을 것이다.

왕의 모습은 알 길 없지만
평민의 얼굴은 영원히 살았다
—

이집트 미술의 특징은 영원성이다. 그래서 무덤을 만들어도 거대한 돌무덤, 즉 영원히 남아 있을 피라미드를 만들었다. 피라미드는 거대할 뿐만 아니라 단단한 돌덩이인 화강암을 사용하여 쌓은 구조물이다. 이 또한 영원성을 드러내는 특성이 나타난 것이다. 피라미드 안에 안치되어 있는 미라 역시 썩지 않고 오래 보존하기 위한 방법을 사용했다. 관의 겉에는 망자의 모습을 조각하여 장식했는데, 후일 영혼이 되돌아왔을 때 그 조각으로 자신의 관을 알아보고 본인의 몸을 찾아 들어온다고 믿었다.[10] 그런데 관에 조각된 망자의 모습은 그다지 사실적이지 않다. 뭔가

---

10 그들의 말로 조각가는 '영원히 살아 있게 하는 자'라는 의미가 있다.

○ **그림 1** 기자 피라미드, 이집트

◉ **그림 2** 〈투탕카멘〉, BC 1336~1327, 카이로 국립박물관

◉ **그림 3** 〈서기관〉, 이집트 고왕국 BC 2,500년경

정제되고 다듬어진 형태이며 들여다보면 볼수록 인간이라기보다는 신비로운 영원성이 느껴진다. 죽음의 관문을 통과하여 영원히 살게 될 왕이나 왕자의 모습은 생전의 실제적 모습을 넘어 영원히 살게 될 신의 모습으로 표현되어야 했던 것이다.

영원성을 추구하던 고대 이집트인들은 생전의 유한한 모습을 지양[11]하고 신적인 모습으로 재생하여 영원히 살고자 하는 그들의 욕망을 드러내었다. 그러나 이런 영원성이 모두에게 적용되는 것은 아니었던 모양이다. 〈그림 3〉과 〈그림 4〉를 보면 굉장히 사실적으로 표현되었음을 알 수 있다. 지금도 이집트의 수도 카이로에 가면 이렇게 생긴 사람이 길을 가고 있을 것 같은 느낌이 들 정도이다. 영원성을 추구하여 영원한 것의 구현으로서 현실을 뛰어넘는 신성을 드리

---

11 더 높은 단계로 오르기 위해 어떠한 것을 하지 않거나 없애 간다는 의미로서 '추상'이라는 미술적 용어와도 의미가 서로 통하는 말이다. 여기서는 인간에서 신으로 지양된다는 뜻으로 사용되었다.

운 〈그림 2〉와는 완전히 다른 양상
을 보이는 것이다. 어떻게 같은 시대
에 이렇게 다를 수 있는가? 사실적
인 그림이나 조각과 사실적이지 않
은 그림이나 조각이 함께 존재한다
는 사실은 고대 미술을 연구하는 이
들에게 많은 고민을 안겨 주고 있다.

그런데 영원성을 반영하여 추상
화(抽象化)[12]된 조각이나 그림으로 표현
된 대상은 하나같이 왕이나 왕자, 왕

○ **그림 4** 〈영정 초상〉, 고대 이집트

비임을 쉽게 알 수 있는 반면에 사실적으로 표현된 대상은 평민
이나 하급 관리임을 짐작할 수 있다. 귀족이나 왕족들은 죽음을
통해 신적인 반열에 들게 되고, 그들의 영혼은 영혼으로서만 존
재하는 것이 아니라 망자의 육체와 다시 결합하여 영원히 살게
된다는 것을 믿었던 것이다. 그러나 이 영원성은 안타깝게도 차
별이 있었다. 평민이나 하급 관리, 노예 등은 영원히 살 수 있는
사람들이 아니었기에 유한한 재료로 유한한 모습(현재적 모습)
을 사실적으로 표현하였던 것이다. 〈그림 3〉과 〈그림 4〉의 모델

---

12 뺄 '추'와 형상 '상'이라는 한자의 의미를 그대로 해석하면, 군더더기 형상을 제거하고 남은 본
래의 본질적인 형상을 찾아내는 것이 '추상화'라고 볼 수 있다.

들은 유한한 존재들이며 그렇게 살다가 이 세상을 떠났다는 것을 기념하는 정도의 표현물들이다. 점토(그림 3)나 목판(그림 4)은 곧 깨어지거나 썩어 없어질 것이기에 그만큼의 존재 가치를 갖는 것이다. 의미나 가치가 클수록 그것을 대상에 집약시키고 함축시켜야 하므로 대상의 모습을 나타낼 때 추상화되는 것은 당연한 결과이다. 현재적 모습을 사실적으로 묘사하는 것은 그 당시에만 국한되는 모습이므로 당연히 많은 의미와 많은 가치가 내포될 수 없다.

영원히 살고자 하는 욕망은 왕이나 귀족, 평민, 노예 모두에게 있는 것이겠지만 그런 욕망을 드러내는 것이 허락되지 않은 이들에게 주어진 것은 아이러니하게도 너무나도 사실적이며 멋진 초상화이다. 그렇기 때문에 우리는 몇 대 왕조에 속해 있고 이름이 무엇이며 또 무슨 일을 했는지 분명히 알고 있는 투탕카멘 왕[13]의 얼굴 생김이 어떠했는지 그 실제 모습은 알 수 없지만,[14] 대략 BC 2,500년 즈음 이 땅을 먼저 살다가 간 이름 없는 서기관이나 평민 중 한 사람의 모습은 생생히 기억하게 되었다. 왕이기에 영원히 살고자 했으며 당연히 그럴 수 있으리라고 믿었지만,

---

13 고대 이집트의 18대 왕조 12대 왕이며 테베 출생이다.
14 투탕카멘 왕의 마스크는 꽤 유명하지만 그 마스크는 왕의 실제 모습이 아니라 영원성과 신성을 담아낸 조각가의 솜씨가 드리워진 작품이다. 여기서 조각가의 솜씨는 있는 모습을 그대로 표현해내는 기술이 아니라 사람의 모습에서 신적인 모습을 들여다볼 수 있도록 변형하는 기술이다.

정작 후대에 생생하게 그 모습을 보여주는 이는 따로 있으니 애초의 의도를 완전히 벗어난 셈이다. '높아지고자 하는 자는 낮아지고 자기를 낮추는 자는 도리어 높아진다'는 격언이 적용되는 장면이다.

위대한 알렉산드로스 대왕도 주인공은 아니었다

—

고대의 전쟁을 생각할 때면 우리는 어렵지 않게 왕이나 귀족, 장군을 떠올리게 된다. 어떤 전투에서건 그 전투를 이끌었던 장수의 이름이 길이 남게 되며, 그의 전쟁으로 묘사되곤 하는 것이다. 특히 승리의 주역은 그 모습과 전쟁의 용맹스러운 장면이 멋진 그림이나 조각으로 후대에 길이 남겨지길 바라며, 그 업적과 위대함을 많은 이들이 기려주기를 원한다. 그러나 여기 그리스 미술에서 보이는 전쟁 영웅 알렉산드로스는 마냥 전쟁의 영웅인 것만 같지 않다. 이 그림은 알렉산드로스의 초상화가였던 아펠레스가 그린 그림을 130년 쯤 뒤인 로마시대(BC 3세기)에 모자이크로 재구성(모방)한 작품이다. 알렉산드로스는 고대 그리스시대 마케도니아의 영웅으로 BC 333년 11월, 페르시아 다리우

◉ 〈이수스 전투〉 벽화

스 3세의 대군에 맞서 이수스에서 전투를 벌여 승리하였다. 그런데 그림을 살펴보면 전쟁에서 승리한 알렉산드로스의 모습이 좀 어색한 것을 발견할 수 있다.

작품을 자세히 들여다보기 전에 먼저 전체적인 구도를 살펴보면 알렉산드로스가 페르시아 왕인 다리우스 3세를 뒤쫓는 형국이다. 좌측의 알렉산드로스는 진격하는 모양, 다리우스 3세는 퇴각하는 모양이 확연해 보인다. 그런데 여기서 한 가지 주목할 만한 점이 있다. 병사들이 쥐고 있는 창 모양을 보라. 좌측 병사들의 세력에 우측 병사들의 기가 눌린 것 같지만 창끝은 여전히 알렉산드로스 진영(좌측)을 향하고 있다. 그리고 화면의 구성도 좌측보다 오히려 다리우스 3세의 진영(우측)에 더 많은 부분을 할애하고 있음을 알 수 있다. 퇴각을 시도하고 있지만 다리우스 3세에게는 여전히 그를 보호하고 따르는 병사들이 있음을 암시하는 것이다.

이제 그림을 자세히 들여다보면 알렉산드로스의 표정에서 '알렉산드로스 대왕'이라고 믿기 어려운 감정을 읽을 수 있다. 뭔가 잔뜩 겁먹은 표정, 잘 풀리지 않는 상황이 자신의 앞에 놓여 있는 듯하다. 적장은 분명 패배를 인정하고 달아나는 듯한데 적장과 칼 한 번 겨뤄 보지 못하는 안타까움일까? 그가 입고 있는 황금빛 찬란한 갑옷 중앙의 태양 문양(메두사의 머리라고도 함)은

이 상황이 영 못마땅한 모양이다. 또한 그가 탄 말의 표정에서
더 이상 전진할 마음이 없음을 쉬 알 수 있다. 힘겨운 말의 눈길
이 이미 뒤편을 바라보고 있으니 말이다.

그렇다면 다리우스 3세의 표정은 어떤가? 그는 칼을 뽑아들지
도 않았다. 애초 겨뤄 볼 생각도 없었는지 모르겠다. 다만 활을
들고 있고 화살통에 화살이 하나도 남아 있지 않은 것으로 봐서
알렉산드로스를 멀리서 상대해 주고 말 심산이었던 것 같다. 그
는 이미 화살을 다 쏘았으며, 이제 적장인 알렉산드로스에게 이

⊙ 〈이수스 전투〉 부분

별을 고하고 있다. 그 표정과 손짓은 겁에 질려 있다기보다는 황당한 표정에 가깝다. 싸울 마음이 없으니 그만하자는…… 이윽고 그는 후퇴하기 시작한다.

앞서 언급한 대로 이 장면은 기원전 333년의 '이수스 전투'로 동서양이 맞대결한 최초의 전투로 기록되어 있으며, 알렉산드로스가 페르시아를 정복하는 계기가 된 기념비적인 전투이다. 결과적으로 알렉산드로스의 대승을 온 천하에 알리고자 하는 내용이었음에 틀림없다. 그러나 그림의 내용이 그렇게 읽히지 않는

것은 아마도 이 그림을 로마 사람들이 재해석하여 그렸기 때문
으로 짐작된다. 역사를 기술하는 쪽의 마음이 많이 담겨 있는 것
같다.

알렉산드로스는 무력으로 정복하는 것 이외에도 독특한 문화
정책을 펼쳤던 왕이었다. 그는 정복지의 문화를 그대로 받아들
였으며 그 결과 서양 문화와 동양 문화가 어우러져 비잔틴 예술
등을 낳았던 것이다. 문화의 힘을 잘 알고 있던 그로서는 그림으
로 전쟁을 기록하는 일에 당연히 심혈을 기울였을 것이고 역사
적인 이수스 전투를 자신의 위대한 업적 중의 하나로 기록하고
자 했을 것이다. 애초 그려졌던 그림(아펠레스의 그림)의 알렉산
드로스는 지금 우리가 보는 모자이크화와는 다른 위용과 권위를
지닌 영웅으로 묘사되어 있음이 분명하다. 그런데 이를 후대의
예술가는 왜 다른 모습으로 묘사했을까?

그렇다고 다리우스 3세가 페르시아에서 영웅 대접을 받은 것
도 아니다. 다리우스 3세는 전쟁에서 자신을 따르는 수많은 병사
들을 남겨두고 목숨을 연명하기 위해 홀로 은둔 생활을 시작했
으나 어느 날 길가에서 자국 병사들 혹은 국민들의 돌에 맞아 죽
음을 당하게 됐다고 역사는 전한다. 그러니 이 그림이 다리우스
3세를 상대적으로 높이려 한 것도 아닌 것이 확실하다.

그림을 다시 한 번 찬찬히 살펴보면 주인공은 다름 아닌 다리
우스 3세를 둘러싸고 있는 병사들임을 알 수 있다. 그들은 전쟁

의 승패를 떠나 자신이 따르는 군주를 위해 최선을 다할 뿐이다. 짐승(말)은 본능적으로 피하고 꽁무니를 빼려고 하지만 그들은 의지적으로 충성을 바치고 있는 것이다. 역사가 흘러 후대의 사람들은 이수스 전투에서 그 주인공을 알렉산드로스도 다리우스 3세도 아닌 이름 없는 병사들로 기억하고 있는 것이다. 전쟁에 동원된 병사들, 그들의 죽음, 충성, 그리고 분노를 똑똑히 기억하는 모자이크 화가는 그림의 초점을 훨씬 더 역동적이고 총기 있는 병사들에게 가져 간 것이다.

역사는 이후 로마시대로 흘러가며 참주정치, 즉 민주주의의 초기 단계로 진입하게 된다. 결국 민주주의는 싸우고자 하나 홀로는 도저히 어쩔 수 없는 왕이나 병사들 없이는 아무것도 할 수 없는 왕을 뒤로 하고 전면에 나서 각자의 왕과 국가를 위해 싸우는 이들에 의해 시작된 셈이 된다. 고전적인 전쟁에서 장수는 병사들을 뒤로하고 자국의 대표성을 가지고 맞붙어 전쟁 전체의 승패를 결정짓는다. 이때의 병사들은 다만 자기편 장수를 마음속으로 응원할 뿐이다. 하지만 BC 3세기, 이 모자이크화는 전쟁의 승패는 장수가 아닌 병사들, 다시 말하면 왕이 아닌 국민에 의해 결정된다는 것을 단적으로 말해 준다.

마태의 두 얼굴,
어느 것이 진짜 마태인가?

―

"시적 진실은 도덕적 진실과 다르다."

아리스토텔레스는 예술가의 진실과 도덕적 진실은 다른 것으로 말한다.

"실수했을 때조차도 올바를 수 있다."

예술적 진리는 도덕적 진리와 다른 기준이 있으며 이를 결정짓는 것이 바로 예술적 자율성인 것이다. 일반적으로 실수나 오류로 판단할 수 있는 현상이 예술가들에 의해 만들어졌다면 그것은 예술적인 진리로 인지될 수 있다는 말이다.

이 그림은 1600년대에 제작된 것으로 카라바조라는 자연주의 화가의 작품이다.

성 마태가 천사의 도움을 받아 '마태복음'을 기록하는 장면을 구성한 이 작품들은 서로 다른 운명을 갖게 된다. 카라바조는 어느 날 한 성당으로부터 성 마태에 관한 그림을 제작해달라는 의뢰를 받게 된다. 카라바조는 한 번도 본 적이 없지만 성경을 통해 예수의 제자 중 마태에 대해 이미 알고 있었다. 그는 유태인이었지만 로마인의 수하에서 세리라는 직업을 가지고 살아왔던 사람이며, 예수의 부름을 받아 제자가 된 후 예수를 좇았고 예수의 승천 이후 그를 증거하다가 로마로부터 온갖 고난과 박해를 겪은 사람이었다. 마태복음을 기록할 당시 그는 늙었으며 굳은 손과 침침해진 눈으로 무척 애를 써 가며 한 자 한 자 써 내려갔는지도 모를 일이다. 영성이 뛰어났던 그에게 어쩌면 하나님의 사자인 천사가 임하여 어두운 눈과 굳은 손을 대신했는지도 모를 일이다. 카라바조는 예수를 따르고 증거하며 지내온 일들을 회상하는 늙은 마태를 상상하며 작품을 완성했다. 그에게 이 장면은 비록 직접 보지는 못했지만 화가의 상상력에 의해 재구성된 예술적 진리, 즉 예술적 자율성을 확보해 준다. 진짜 마태가 그렇게 성경을 기록했는지는 아무도 모른다. 그러나 적어도 우리는 카라바조가 재구성해 낸 마태의 모습에서 성경에 나오는 그 마태를 바라볼 수는 있게 되었다.

그림 속 마태가 세속적이라는 당시의 비난은 당연한지 모르겠다. 결국 카라바조는 다시 그림을 그리게 되었고, 그 그림 속 마

◎ **그림 1** 〈성 마태〉, 카라바조, 1602, 2차대전 중 불타 없어짐

태는 〈그림 1〉과 전혀 다르다. 그의 머리에는 후광이 드리워져 있으며 흰 수염과 머리칼, 그리고 붉은색 가운까지 걸치고 있다. 〈그림 1〉의 그림에서 천사는 여성으로 묘사되어 마태의 곁에 밀착한 상태로 그를 돕고 있으나 〈그림 2〉에서는 천사가 남성으로, 그리고 멀찍이 떨어져서 그에게 영감을 주고 있다. 〈그림 1〉에 비하면 〈그림 2〉는 분명 더 성스러운 그림이 되었다. 그러나 과연 성경 속 마태의 모습이 이런 모습일지 한번 생각해 볼 일이다.

화가의 생각이 사회의 통념에 막혀 다시 그린 〈그림 2〉는 성당의 벽에 걸렸지만 〈그림 1〉은 지하 창고에 방치되었다. 역사는 늘 성공한 것만을, 패배자보다는 승리자만을 기억하는 것이 현실이 되고 말았다. 화가가 진실하다고 믿었던 〈그림 1〉은 2차 세계대전 중 폭격에 의해 소실되어 더 이상 그 그림을 볼 수 없게 된 것이다.

1600년대 유럽에서 마태는 성인이었고 위대한 인물이었다. 그러나 그 진실을 거부한 예술가의 자유는 성인이기보다는 한 인간으로서의 마태, 예수를 쫓아 온갖 역경과 고난을 겪었던 늙은 마태를 선택했던 것이다. 한 인물을 두고 진리값이 다르게 나타나는 이 예에서 우리는 예술가의 진리가 예술적 자율성에서 나오는 것이며 일반적으로 알거나 믿고 있는 진리와 다를 수 있다는 것을 알 수 있다. 따라서 예술적 진리는 절대적인 것이 아니라 상대적인 것이며, 이를 통해 예술가들에 의한 자연현상의 왜

◎ **그림 2** 〈성 마태〉, 카라바조, 1602, 산 루이지 데이 프란체시 성당

곡, 혹은 재구성에 정당성을 부여할 수 있는 것이다. 우리는 그들이 발견하는 독특한 진리, 개성적인 진리를 현재 우리 사회가 일반적으로 알고 있는 것과 다르다고 해서 무시하거나 가벼이 여겨서는 안 될 것이다. 아리스토텔레스는 그런 진리의 가능성을 미리 염두에 두었는지도 모르겠다. 이것이 현상에 대한 맹목적인 믿음과 지지보다는 창의적이고 개성적인 비판과 재해석을 강조하는 이유이기도 하다.

사진이 못 찍는 걸
그림은 담아 낼 수 있었다

—

　미술은 전통적으로 이미지^{image}의 재현에 주력해 왔다. 이미지의 재현에 있어서 고대와 중세, 르네상스 등을 거치면서 신과 인간, 자연에 대한 가치 변화에 따라 재현된 형태가 약간씩 다르게 나타났으며, 이를 예술 사조라고 한다. 예술 사조는 보는 이의 관점에 따라 약간씩 다르게 구분 짓기도 하는데 여기에서는 크게 고대, 중세, 르네상스, 근대, 현대로 나누어 살피고자 한다. 특히, 근대 이후에 등장하는 사진이라는 매체가 미술에 끼친 영향에 주목하여 재현의 대상이 물질적 상^{象}(물체)에서 비물질적 상^{想}(이미지)으로 옮겨가는 과정을 조명해보고자 한다.

　고대의 예술품 중에는 BC 15,000년경의 〈라스코 동굴벽화〉나

⊙ 〈라스코 동굴벽화〉, 라스코, 프랑스

⊙ 〈서기관〉, 이집트 고왕국 BC 2,500년경

⊙ 〈영정 초상〉, 고대 이집트

BC 2,500 ~ 3,000년경의 〈앉아 있는 서기관〉, 〈영정 초상〉과 같이 아주 정밀하고도 사실적으로 묘사된 것들이 많은데 이는 그대로 닮게 그림(초상화)으로써 그 대상의 영혼을 담아낸다고 믿었기 때문이다. 그리스로마시대의 작품들은 소위 말하는 황금 비례를 통해 지극히 이상화된 형태의 신화적 재현을 이루어 내고자 하였다. 따라서 조금은 비현실적이지만 아주 아름다운 〈밀로의 비너스〉(BC 1,000년경)와 같은 형태를 만들어 낼 수 있었으며[15], 신의 능력이나 자연의 것이 아니라 인간의 능력인 이성을 통해서 이상적인 아름다움의 전형을 찾을 수 있었다 (수를 통한 비례와 조화 등).

서양의 중세는 기독교의 득세로 말미암아 겉으로는 인간의 이성적인 노력을 억제하고 신의 은총을 강요하는 것처럼 보인다. 따라서 현대적 의미의 예술 작품이라고 할 만한 작품은 찾아보기 힘들고, 신을 위한 제단화나 11세기의 〈성서 보관함〉과 같은 공예를 비롯한 삽화본 정도의 명맥만을 유지한다. 그러나 1,000여 년이라는 긴 세월을 기독교적 중세로

◉ 〈밀로의 비너스〉, BC 1,000년경

---

15 그렇지 않은 상징적인 작품으로서 BC 15,000년경의 〈빌렌도르프의 비너스〉와 같은 작품들도 있긴 하다.

간주하기에는 인간의 창조적 능력과 감각이 넘쳐나는 것이 사실이다.[16]

그리스로마시대의 이성적인 세상을 꿈꾸는 르네상스시대에 이르자 예술가들은 다시 현실의 재현에 앞장서게 되었다. 그러나 신을 대상으로 인간의 이성을 사용하였던 그리스로마시대와 달리 르네상스 사람들은 철저히 인간을 위해 이성을 사용하기 시작했다. 따라서 인간의 주변에 있는 자연에 대한 관찰과 실험이 만연하였고, 눈에 띄는 성과도 이룩하였다. 특히 원근법의 발견은 3차원의 세계를 2차원적인 공간에 재현하는 법을 알려주었다. 직선이 사선이 되고, 원이 타원이 되는 원리를 알게 되자 보다 사실적인 이미지 재현이 가능해진 것이다.[17]

그러나 근대에 이르러 발명된 사진은 과학적이고 이성적인 화가들을 일면 당황하게 만들었다. 사진의 순간 포착력은 화가의 빠른 붓놀림을 일순간 무력화시켜 버렸던 것이다.[18] 제리코가 그린 경마 장면은 빨리 달리는 말을 그렸지만 너무 빨라서 달리는 말의 다리 움직임을 제대로 포착할 수 없었으므로 그가 그린 말들은 허공을 나는 듯이 달리는 말이 되었다. 말들의 다리는 앞뒤

---

16 중세의 천년은 기독교적인 배경 이외에도 십자군원정과 같은 각종 전쟁과 흑사병에 의한 인구의 급격한 변화, 그로 인한 거주지 이동, 그리고 여러 문명의 충돌과 흡수가 빈번했던 시기이므로 하나의 특성으로 단정 짓기가 쉽지 않다.

17 1425년 작 마사치오의 〈삼위일체〉를 보라.

18 1815년 작 제리코의 〈경마〉와 경마 사진을 비교해 보라.

◉ 〈경마〉, 제리코, 1821, 루브르 박물관

로 쭉 뻗쳐 있는 모습이 되었는데, 사진이 포착한 달리는 말의 다리는 제리코의 말과는 확연한 차이를 보인다. 이제 화가들은 사진보다 느린 눈을 가지고, 사진보다 부정확한 형태를 드러내는 사람들이 된 것이다. 사진은 무엇보다 현실을 가장 현실적이게 표현해 준다. 전혀 거짓이 없고, 이상화하지도 않는다. 있는 그대로를 드러내 보여 주는 사진의 진실성 앞에 회화는 어떤 진실성을 보여 줄 것인가?

그리하여 미술은 새로운 길을 모색하게 되었다. 바로 있는 모습 그대로의 재현, 사실적인 재현을 놓아 버린 것이다. 미술이 그것을 포기하자 그들은 너무나도 자유로운 예술 세계를 펼칠 수 있게 되었으며, 동시에 그들은 가난하게 되었다. 실생활에 별로 필요 없고 무엇인지 알 수 없으며 어려운 미술이 등장하게 된 것이다. 고객들은 초상화와 정물화, 풍경화에 대한 욕구를 사진으로 해소하기 시작한 것이다. 그럼에도 불구하고 미술이 찾은 새로운 길은 사진이 풀지 못하는 내면적인 무엇인가를 제공하는 데 어느 정도의 성공을 거두게 되었다.

마네와 같은 초기 인상주의 화가들은 사진의 주요 속성 중 하나인 빛에 주목했었다.[19] 그러나 빛의 순간적인 인상을 착상하여

---

19 예를 들면, 1868년 작 〈발코니의 에두아르〉.

◎ 〈인상, 해돋이〉, 모네, 1902, 오르세 미술관

◎ 〈국회의사당〉, 모네, 1902, 오르세 미술관

표현하는 것과 사진과는 어떻게 다른가? 따라서 인상주의자들은 모네의 작품 〈인상, 해돋이〉, 〈국회의사당〉 등에서 볼 수 있는 바와 같은 빛이 가하는 형태의 왜곡(착시 현상)을 발견하기에 이르렀으며, 대상에서 받은 인상을 내면적인 처리 과정을 통하여 드러내는 방식을 찾아내기에 이른다.[20] 이렇게 해서 표현되는 방식은 대상의 단순한 왜곡이 아니라 예술가의 감정과 감각적 인상이 더해져 예술의 한 형식[21]을 이룩한다. 그것은 피카소의 1937년 작 〈게르니카〉와 같이 사진이 표현할 수 없는 또 하나의 진실성을 드러낸다.

스페인의 게르니카라는 마을에 대한 독일군의 폭격을 시각화한 이 작품은 시간과 공간을 초월한 구성이 돋보이는 작품이다. 사진이 순간적으로 지나쳐 버리는 시간을 잡아내는 것과 비교해 이미 지나쳐 버렸거나 다가올 미래를 하나의 화면에 현재적인 모습으로 재구성해 낼 수 있는 가능성이 미술에 있음을 잘 보여주는 예이다. 피카소는 게르니카의 폭격 소식을 접했으나 현장에 있지 않았다. 그는 그림 속에 당시 폭격으로 인한 파괴적인

---

20 1890년 작 고갱의 〈황색 그리스도〉와 1883년 작, 1887년 작 고흐의 〈자화상〉 시리즈를 보라. (제2장 5.인상주의와 표현주의 참조.)

21 이후 회화는 추상화로의 길로 접어든다. 대상으로부터 출발하는 인상주의와 인간의 내부로부터 출발하는 표현주의, 입체파, 추상표현주의, 팝아트, 옵아트 등으로 발전하며 점차 공간의 재현에서 시간의 재현으로 나아가는 길목에서 대상으로서의 주제와 수단으로서의 소재가 점차 사라져 행위예술로 표현되기도 한다.

현장, 사람, 길거리, 집안, 전등, 말, 소 등을 2차원 평면에 시간적
인 편차와 공간의 차이를 왜곡하여 펼쳐 보임으로써 게르니카
전체의 아픔을 함축하여 표현해 내는 데 성공했기에 그 어떤 보
도사진보다 전쟁의 참혹함을 더 잘 드러내는 데 성공한 것이다.

인상주의,
빛을 좇다가 형태를 포기하다

인상주의는 대상의 본질이나 형상이 아니라, 어느 한 순간의 인상에 착상하여 표현하는 예술 사조를 일컫는 말이다. 이 말 속에서 인상주의 화풍의 특징을 잘 드러내는 말이 있다면 그것은 '대상'이라는 단어와 '한 순간의 인상'이라는 구절일 것이다. 무엇을 그릴 것인지 대상이 구체적이고 명확하지 않다. 그 대상의 본질이나 고유한 성질이 아닌 매 순간 변화하고 뒤바뀌는 양상 그 자체를 그리려는 시도를 설명하는 말이다. 이러한 시도는 결국 사물 자체보다는 사물 주변 혹은 사물에 깃들어 있는 빛에 주목하게 만든다. 즉 인상주의자들은 대상(사물, 모델) 대신에 그 대상을 통해 비쳐지는 빛을 그리려고 시도한 것이다. 이러한 인상주의자들에게 스토리나 대상의 사연은 별 중요하지 않은 것은

○ **그림 1** 〈생 라자르 역〉, 모네, 1877, 오르세 미술관

◎ **그림 2** 〈생 라자르 역〉, 모네, 1877, 오르세 미술관

당연한 일이다. 그들은 눈에 비쳐진 모습을 그대로 화폭에 옮기는 일에 열중한 것이다. 그러다 보니 자연스레 사물을 포착하는 눈에 관심이 생기고, 눈이 사물을 볼 수 있게 만들어 주는 빛에 주목한 것은 당연한 일이다. 그러므로 인상주의자들은 눈에 보이지만 그 자체를 볼 수 없는 빛에 대한 고민에 빠지게 된 것이다.

당시에는 빛을 파동 혹은 입자로 보는 견해가 있었다. 분자나 원자의 발견 이전이었으므로 소리의 파동처럼 눈에 보이지 않지만 분명히 존재하는 빛의 모양을 파동으로 보는 입장의 대표적인 화가는 모네이다. 〈그림 1〉을 보면 멈춰 있는 하나의 평면이지만 그 속에 색채(빛)의 역동적인 흐름을 볼 수 있다. 또 다른 작품인 〈그림 2〉는 〈그림 1〉과 같은 대상을 그린 것이다. 그러나 그 인상은 전혀 다른 형과 색으로 그려졌다. 이처럼 빛이 파동을 지니며 변화무쌍하게 퍼져 나아가는 그 순간순간에 리얼리티(진실)가 있다고 믿은 모네는 인상주의를 대표하는 화가임에 틀림없다. 그는 같은 대상을 시간에 따라, 날씨에 따라, 또 보는 각도에 따라 각각 다른 느낌으로 그려내는 데 성공했으며, 그것은 그림에서 보이듯 기압의 차이에 따른 구름과 수증기의 무게감까지 표현하는 데 성공을 거두었다. 그것은 때로 우리를 우울하게도 만들고 밝고 명랑하게도 만들어 주는 훌륭한 그림들이다.

그러나 그 후 분자의 발견은 인상주의자들에게도 새로운 도

◉ **그림 3** 〈그랑자트 섬의 일요일 오후〉, 쇠라, 1885, 아트 인스티튜트, 시카고

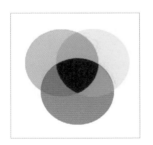

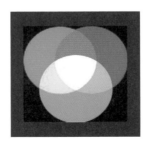

◉ 색의 삼원색　　　　　◉ 빛의 삼원색

전을 안겨 주었다. 따라서 후기 인상주의자로 분류된 쇠라는 빛을 그리는 방법으로 점묘법을 고안했다. 그는 알갱이인 빛을 그리는 최선의 방법은 점묘법이라고 생각했으며, 빛의 삼원색만을 활용하여 색들을 섞지 않고 점으로 찍어 그림을 그렸던 것이다. 그러나 이런 그의 방법에는 치명적인 약점이 있다. 빛을 그리는 재료인 물감과 빛은 서로 속성이 정반대인 것이다. 색은 섞으면 섞을수록 명도와 채도가 떨어지는 데 반해 빛은 섞일수록 밝아진다는 점이다. 따라서 쇠라의 그림은 빛의 속성을 따라가지 못한 색점들이 사물의 형태에 잠시 머물게 되는 단점을 지니고 있다. 사실 빛이 강열하면 그에 따른 그림자와 어두운 부분이 부각되는 것이 당연한데 쇠라는 이 점을 간과한 채 밝은 빛에 지나치게 집착한 듯하다. 빛을 입자로 보고 그대로 그림에 활용하는 시도는 좋았으나 사물이 지니고 있는 질감과 양감을 드러내는 데 실패한 쇠라의 그림은 입바람 한 번에 훅하고 날려가 버릴 것 같은 느낌이다. 나무와 사람이 지닌 고유한 부피와 질량을 나타내는 데 실패한 것이다.

　쇠라의 이런 방법은 사실 굉장히 과학적인 접근법이다. 그는 대상 자체에 관심 있는 것이 아니라 대상이 우리에게 인식되는 과정 자체에 관심이 있었던 것이다. 사물이 우리에게 인지되고 인식되기 위해서는 그 대상이 우리의 시신경을 먼저 자극해야만 하고 우리의 시신경을 자극하는 최소 단위를 빛의 알갱이로 보고 있었던 것이다. 그래서 쇠라의 작품은 〈그림 3〉과 같이 밝은 빛의 느낌을 주기에는 훌륭하지만 그 대상의 외연을 사실적으로 표현하는 일에는 뭔가 부족한 점이 있다. 왜냐하면 그는 사물 자체에 대한 관심보다는 빛의 속성 자체에 주목했기 때문이다.

　이제 예술가들은 과학적인 접근법 외에 과학이 해결하지 못하는 부분에 집착할 수밖에 없었다. 쇠라가 하고자 한 일은 사진의 등장으로 해결이 되었으니 더 이상 집착할 이유가 없어진 것이다. 사진이 드러내 주지 못한 보다 본질적인 것에 대한 예술가들의 탐구가 시작된 것이다. 이런 예술가들의 노력은 서양미술의 표현주의와 구성주의, 추상주의 등 다양한 시도로 드러나게 되어 사물의 외적 재현에서 자유로워졌음을 기억해야 한다.

피카소, 시간을 그리려다 공간을 그리다

—

예술의 대상이 되기도 하고 표현 방식이 되기도 하는 시간과 공간은 예술 이야기에서 빼놓을 수 없는 매우 중요하고도 어려운 문제이다. 따라서 시간과 공간에 대한 인간의 고민은 아주 오랜 역사를 지니고 있다. 일반적으로 시간을 다루는 예술 장르는 음악이며, 공간을 다루는 예술 장르는 미술이고, 시간에 따른 공간의 묘사는 문학에 해당된다고들 알고 있다. 그런데 이러한 구분에서 누구도 부인하지 못하는 부분이 바로 이미지image이다. 이 이미지는 음악과 미술, 문학에서 가장 중요한 요소이며, 이미지는 눈에 보이는 사물로서의 형상이라기보다는 시지각에 의한 '감각 자료'와 과거의 기억에 의한 다양한 '경험 자료'의 결합에서 나온 표상 작용에 의한 하나의 인상으로서, 사물에 대한 개인적인 인식의 산물인 것이다. 그런데 이러한 이미지는 머릿속에 그려지는 막연한 형상이므로 플라톤이 말한 이데아^{idea}라고 할 수 있다. 머릿속에 표상되고 그려지는 이미지는 당연히 시지각의 영역에서 1차적으로 다루어질 수밖에 없다. 인간이 지닌 5개의 감각 기관 모두는 최종적으로 이러한 이미지를 활용한다. '부드러운 바람'이라는 말을 들었을 때의 '부드러운'이라는 그 무엇을 이 글을 읽는 순간 독자 모두가 머릿속에 떠올리고 있을 것이다. 이것이 '부드러운' 것의 이미지이며 이 이미지가 자연적으로 떠오르는 것은 누구도 부인할 수 없을 것이다. 비록 그것을 무엇이라 설명하지는 못할지라도 분명 부드러운 감촉의 느낌이 떠올라 있다. '바람'은 어떠한가? 바람은 눈에 보이지 않지만, 산들바람, 높새바람, 하늬바람 등의 시각적인 이미지를 떠올린다. '사랑'이라는 단어를 들으면 대부분 핑크색의 하트 모양을 떠올리거나 높은 음 또는 낮은 음 등을 떠올린다. 이 모든 감각 자료들은 개인적인 감각 경험에 맞춰 하나의 모양을 만들어 낸다. 그러므로 인간이 행했던 첫 번째 예술 행위는 다름 아닌 조각과 그림이 될 수밖에 없었을 것이다. 그런 이미지를 돌과 나무에 새겨 재생하려는 것이 가장 1차적인 활동으로서의 모방 행위인 것이다.

시간이란 것은 눈에 보이지 않아서 그림을 그리는 대상으로는 적합하지 않다. 시간 자체를 그릴 수는 없기 때문이다. 아인슈타인이 상대성이론[22]을 발표한 이후 우리는 시간이 모두에게 동일한 것이 아니라 각자가 느끼는 바에 따라 다르다는 것을 이미 알고 있다. 그것은 시간 자체를 특정한 모양(공간)으로 한정지을 수 없는 이유이기도 하다. 그러니까 시간 자체를 그릴 수는 없는 것이다.

시간 자체는 그렇다 치고 혹시 물체(공간)가 시간의 흐름에 따라 변화하는 모습을 그릴 수는 있지 않을까? 그러면 자연히 시간도 표현되지 않을까? 시간에 따라 변하는 물체(공간)를 그린다는 것은 어쩌면 더 쉬울지도 모르겠다. 예를 들어 여러분들이 자주 보는 TV 만화영화 〈톰과 제리〉에 나오는 고양이와 쥐가 서로 쫓고 쫓기는 장면을 보면 발 모양이 타원형의 선들로만 표현되는 것을 볼 수 있다. 그 선들은 고양이와 쥐가 무척 빠르게 달리고 있다는 상상을 불러일으키게 된다. 달리는 물체를 정지된 평면에 표현해 낸 것이다. 이런 방식의 시간 그림은 미래파 미술가들에게서 두드러지게 등장하는데(그림 1) 바로 속도감이나 운동감 등을 표현하기 위해 착시 현상에 의한 잔상을 표현하는 방식

---

22 20세기 초 아인슈타인에 의해 주창된 물리학 이론으로, 고전적인 절대 시간 및 절대 공간의 관념을 뒤집어 놓은 세계관이다. 아인슈타인은 사고 실험을 통해 동일한 운동 현상에 대해 정지된 측정자와 움직이는 측정자의 시간 계측이 다르다는 것을 입증하였다. 결국 시간이라는 것은 상대적인 조건에 따라 다르게 흐른다는 것이다. 이것은 시간이 어떤 확정된 모양이나 형체를 가질 수 없음을 의미하고, 따라서 시간을 그림의 대상으로 삼지는 못한다는 것을 말한다.

이다. 잔상이란 시간의 속도에 비해 우리의 눈 혹은 뇌의 반응이 더디기 때문에 나타나는 현상을 의미한다. 사실, 이 잔상은 아인슈타인의 상대성이론의 중요한 단서이다. 빛의 속도로 달릴 때 시간이 정지되고 공간이 협착되는 현상은 잔상을 그대로 공간에 옮겨 놓은 셈이다. 이는 타임머신의 이론적 가능성을 의미하기도 하는데, 이 경우 과거와 현재, 미래가 공간 안에 협착된 상

◎ **그림 1** 〈운동하는 사람〉, 보치오니

태로 공존하기 때문에 서로 이동 가능하다. 영화 〈백 투 더 퓨처 Back to the future〉는 바로 이런 점에 착안하여 만든 영화이다. 그러나 이 이론의 경우 우리가 비판해 볼 수 있는 점이 있다. 그런 속도로 달리면 달리고 있는 주체인 나 역시 공간 안에 협착되어 버릴 것이므로 과거와 현재와 미래 사이를 마음대로 다닐 수가 없다는 점이다. 그런데 위에서 예로 든 TV영화는 1초에 10장 혹은 그 이상의 그림들을 순차적으로 제시하여 하나의 움직임을 보여 주기 때문에 한 장의 그림으로 모든 것을 표현해야만 하는 화가들의 방식과는 조금 다르다. 여러 장의 그림들을 영사기라는 장치로 돌려 봄으로써 보는 이로 하여금 착시 현상을 불러일으켜

실제로 움직이고 있는 것처럼 느끼게 하는 방법인 것이다.

20세기 초 이탈리아를 중심으로 등장한 미술 운동인 미래파는 시인 마리네티가 1909년 〈미래주의 시詩 선언〉을 발표한 것에 영향을 받아 1910년 보치오니, 카라, 세베리니, 루솔로, 발라 등 다섯 명이 모여 "우리가 화폭 위에 재현하고 싶은 것은 역동적 세계의 고정된 한 순간이 아니라, 세계의 역동성 그 자체이다"라고 하는 〈미래주의 화가 선언〉을 공표함으로써 시작되었다. 운동과 속도감을 표현하고자 하는 그들의 욕망은 현대 미술에 지대한 영향을 끼쳤으며, 그들의 전통은 다다이즘으로 이어졌다. 실제로 미래파의 작품들은 움직임 자체에 착안하여 제작되었기 때문에 앞서 설명한 잔상과 같은 것을 표현하였다.

그러나 미래파가 그리려고 했던 잔상 역시 한계가 있었다. 고정된 화면에 표현하는 운동감(잔상)은 작은 속임수에 불과하기 때문이다. 그렇다면 정말 시간을 그릴 수 있는 방법은 없을까? 미래파보다 조금 앞선 시기에 피카소는 보다 솔직하고 과학적인 방법으로 시간을 그리려고 시도했었다. 피카소와 입체파는 3차원인 사물을 2차원에서 재구성하여 그 본질을 표현하고자 노력하였다. 입체파(큐비즘)라는 이름은 마티스가 브라크의 〈에스타크 풍경〉 연작을 조그만 입체(큐브) 덩어리라고 평하면서 붙여진 이름이었으며, 피카소의 〈아비뇽의 처녀들〉을 통해 부각되었다. 그 후 세잔의 다초점 원리를 이용한 초기 입체주의로 시작해서, 분석적 입체주의, 종합적 입체주의로 점진적인 단계를 거치며 발전했다. 1차 대전으로 인해 더 이상의 진전은 없었으나 큐비즘은 디자인, 건축 등의 방면에까지 다양하게 영향을 끼쳤다.

공간을 큐브로 보고 이를 해체하거나 분석하거나 종합하려는 시도는 시간의 문제와 항상 부딪쳐왔고, 따라서 공간은 시간의 문제와 직결되었다. 공간을 분석하기 위해서는 시간과 씨름해야만 했으며, 시간은 공간 속에 드리워졌다.

그럼 피카소의 방법을 한번 살펴보자. 네모난 상자 하나를 갖다 놓고 한 번에 최대한 몇 개의 면이 보이는지 확인해 제일 많이 보이는 장면을 그려보면 아래와 같은 그림을 그릴 수 있을 것이다(그림 2). 상자의 전체 면은 분명 6개인데 우리가 한 번에 볼 수 있는 면은 고작 3개밖에 안 된다. 상자를 상하로 한 바퀴, 좌우로 한 바퀴 돌리면 모든 면을 다 볼 수는 있는데 한 번에 본 것

◎ **그림 2** 정육면체　　　　◎ **그림 3** 정육면체의 도면

은 아니다. 바로 시간의 문제가 있는 것이다. 여기서 시간을 무한히 늘려 놓는다면 우리가 볼 수 있는 순간이 아주아주 길어져서 한 번에 다 볼 수도 있겠지만 그럴 수는 없다. 다만 상상해 볼 수는 있을 것이다. 생각해 보자. 한 번에 육면체가 다 보이는 모습을. 현실적으로 그것을 평면에 표현한다는 것은 3차원의 세계를 2차원의 세계로 옮기는 것이다. 바로 상자의 도면이다(그림 3). 이처럼 피카소는 입방체(큐브)의 도면을 그려서 시간을 표현할 수 있었다. 이렇게 시간과 공간은 늘 함께 존재하기 때문에 시간을 그리는 것은 바로 공간을 그리는 것이 된다. 바꾸어 말하면 입체파(큐비즘) 화가 피카소는 입방체를 그렸지만 결국 한 번에 펼쳐서 보이는 시간을 표현해 낸 것이다. 한 번에 펼쳐서 보이는 시간은 사실 영화 〈매트릭스〉 시리즈에서도 등장한다. 주인공인 네오의 총알 피하기나 공중 발차기 장면을 상기해 보면 단순한 슬로우 모션slow motion이 아니다. 시간의 문제에 부딪혀 위의 글에서는 상자를 위아래와 좌우로 돌려보는 것이 순간적으로는 도저히 불가능했다면 영화에서는 가능했다. 영화에서 정지된 화면이 회전하는 것을 목격했을 것이다. 이 장면은 시간과 공간이 정지된 상태에서 카메라가 회전함으로써 상대적으로 사물이 회전하는 것으로 보이는 것이다. 다시 말해 상대성의 원리에 의해 시간과 공간을 펼쳐 보여줄 수 있었다. 그러나 이는 가상이다. 카메라가 회전하는 동안에도 시간은 지나고 있으니까 말이다.

2

그림 속의
사실은
사실이
아니다

좌우를 바꾼 것도
전략이었다

—

조선시대 최고의 화가 김홍도 하면 떠오르는 것은 익살과 해학이 넘치는 풍속화일 것이다. 그런데 사실 김홍도는 굉장히 사실적인 그림도 잘 그렸던 화가였다. 수염 한 올 한 올이 세세히 묘사되어 있는 초상화, 실제 풍경을 직접 보고 그린 진경 산수화, 그리고 국가의 행사 등을 후대에 남기고 기념하기 위한 기록화 등……. 그러던 그가 대뜸 조선시대의 일상을 담기 시작했다. 그의 풍속화는 신윤복과 자주 비교된다. 신윤복이 양반들의 일상과 삶을 담아냈다면 김홍도는 평민들의 일상을 담았다고들 한다.

그러나 김홍도의 그림을 제대로 살펴보면 평민과 양반이 함께 어우러져 있어서 얼핏 보면 누가 양반이고 누가 평민인지 모를

◎ 〈씨름도〉, 김홍도, 18세기, 국립중앙박물관

○ 〈우물가〉, 김홍도, 18세기, 국립중앙박물관

정도이다. 그는 딱히 양반과 평민을 나누어 그리지 않았다. 그는 궁중의 화원이었으므로 양반을 더 많이 그린 것이 맞다. 다만 그의 눈에 비친 일상의 정경 속에서 양반이 희화화되거나 은근슬쩍 비판하는 식으로 그리는 경향이 있는 것은 사실이다. 많이 알려진 〈씨름도〉를 보면 누가 양반이고 누가 평민인지 알기가 쉽지 않다. 또 다른 그의 그림에서는 양반의 모습이 평민보다 더

해학적이어서 보는 일로 하여금 속이 후련해지기까지 하는 것을 느낄 수 있다. 우물에서 아낙들에게 물을 얻어 들이키는 장면을 보면 조선시대 양반의 모습이라고는 도저히 상상이 되지 않는다. 가슴이 다 드러나게 옷을 풀어헤친 게 어지간히 덥고 목이 탔던 모양이다. 이쯤 되면 김홍도의 타고난 끼가 눈에 보일 법도 한데 그의 이런 끼는 조금 엉뚱한 곳에 숨은그림찾기처럼 숨어 있다. 그것을 하나하나 찾는 재미도 제법 쏠쏠하다.

그림 〈씨름도〉를 보면 중앙에 씨름 선수들이 있는데 한쪽으로 넘어지려고 하는 순간이다. 우측 하단부에 앉아 있는 사람들의 모습을 보면 깜짝 놀라 뒤로 팔을 짚는 모습인데 오른손과 왼손이 뒤바뀌어 있다. 앞에서도 말했지만 김홍도는 사실적인 그림을 정말 잘 그리는 화가였으며, 점 하나로 수십 가지 얼굴 표정을 표현할 수 있는 위대한 화가임을 어느 누구도 부인하지 못한다. 그런 그가 실수를 한 걸까? 실수는 한 번이면 족한 법인데 다른 작품들에도 반복적으로 나타나는 것을 보면 분명 실수는 아닌 것 같다. 〈활쏘기〉라는 그림을 보면 몸통이 아예 뒤바뀌어 있다. 상체는 왼손잡이 자세인데 하체의 자세는 오른손잡이……. 자세히 보면 굉장히 어색

◎ 〈활쏘기〉, 김홍도, 18세기, 국립중앙박물관

한 이 그림을 어떻게 설명할 수 있을까? 과연 그의 실수라고 단언할 수 있을까? 영화 〈취화선〉에 보면 조선시대 화단에 불었던 '모사' 열풍에서 진품을 구별하기 위한 방법으로 화가들이 그림 속에 자신만이 알아볼 수 있는 장치(?)를 마련해 놓는 모습들을 볼 수 있는데 김홍도도 그런 의도로 그림 속의 오른쪽과 왼쪽을 바꾸어 놓았는지 모를 일이다.

여기서 잠깐 고대 이집트로 시간과 공간 여행을 해 보아야 할 것 같다. 이집트 피라미드 등에 자주 등장하는 미술들을 살펴보면 그 모습이 왠지 어색하다. 이를 '정면성의 원리'라고들 한다. 고대 이집트인들은 영원성과 완전성을 추구하였다. 그런 그들의 생각들은 고스란히 그들의 문화, 특히 미술품 속에 반영되어 있다. 우선 사용하였던 재료는 아주 오랫동안 변하지 않는 대리석이다. 그리고 그림이나 조각의 모양을 보

○ 네프타리 무덤 벽화, BC 1279~1213, 이집트

면 팔과 다리는 옆면이, 몸통은 정면이, 그리고 얼굴은 다시 옆면이 표현된 것을 볼 수 있다. 이는 가장 완전한 사람의 모습을 나타내고자 하는 마음이 담겨 있어 그렇게 된 것이다. 어떤 문명보다도 과학적이고 정확한 것을 추구하던 이집트인들이기에 왜곡된 이 형상들을 일컬어 잘못되었다고 말하는 이는 아무도 없으며 '정면성의 원리'라는 말로 이를 보완해 주고 있다.

이런 원리를 천재 화가였던 김홍도가 사용한 것은 아닐까? 다시 〈씨름도〉를 보면 전체적인 구도는 위에서 본 모습이고 씨름하고 있는 사람들은 바로 옆에서 본 모습이다. 즉 하나의 그림에

두 개의 시점을 개입시키고 있다. 서양에서 이런 구도는 김홍도로부터 100여 년이나 뒤인 1800년대 말 세잔이 처음 시도했었다. 그것도 아주 엉성하게 여러 차례의 실험[23]을 통해 다자 구도를 만들었으며, 이것이 그 유명한 피카소의 입체파로 이어진 것이다.[24]

그는 씨름판의 전체적인 모습과 중앙에 씨름하는 이들의 역동적인 움직임을 동시에 취하고자 했다. 씨름하고 있는 사람들의 크기를 주변 구경꾼들에 비해 크게 묘사하여 주제를 부각시켰으며, 화면이 잘 짜여 정적으로 보일까 염려해 씨름꾼이 움직이는 방향을 고려했다. 오른쪽 하단부의 두 사람에 변화를 준 것이 그것이다. 그림을 감상하는 이들은 자연히 그 두 사람을 주목하게 되고, 이내 손이 뒤바뀐 것을 눈치챌 수도 있다. 감상자의 시선이 머무는 그곳에서 그는 과감히 두 손을 바꾼 것이다. 그는 깜짝 놀라 뒤로 나자빠진 사람들을 통해 씨름판이 아주 역동적임을 강조한 것이며, 두 손을 바꾸어 그림으로써 감상자의 입장에서 손을 뒤로 내짚는 순간적인 느낌을 실현시켰다. 그에게 중요한 것은 '역동성'이며, '깜짝 놀람'이었던 것이다.

---

23 세잔은 생 빅투아르 산을 다초점으로 여러 차례 그려 사물의 본질을 찾으려 했었다.
24 피카소 역시 이러한 방법을 구현시키기 위해 사물의 구상성을 버려야만 했으며, 사물의 외형을 해체하고 재 조립함으로써 입체파를 완성시킨 것이다. 그러나 김홍도의 방식에서 사물은 해체되거나 분해되지 않고 사물이 갖는 본래의 모습을 그대로 유지되고 있음을 기억해야 한다.

그림의 크기는 딱 A4용지만 한데 그 속에 수십 명의 인물이 등장하고, 우측 상단에 평민 대표 선수들, 좌측 상단에 양반 대표 선수들을 배치함으로써 당시 조선 사회가 계급이 존재하기는 했어도 열린 사회였음을 보여 준다. 양반과 평민이 함께 어울려 씨름을 하고 있는 모습 아닌가. 중앙에서 한창 씨름에 열중하는 이들을 보면 갓을 벗고 저고리를 벗어서 누가 양반이고 평민인지 가늠하기 쉽지 않다. 다만 발목 부분에 격식을 갖춘 대님이 있는지 없는지 정도로 짐작은 가능하다. 우측에 벗어 놓은 신발을 보면 가죽 장식이 달린 비단신과 짚신이 이 둘의 신분을 알려 주지만 그들은 신을 벗고 함께 살을 맞대고 씨름 한판 벌이는 중이다. 조선시대의 속살을 들여다보면 우리가 알고 있는 것과는 또 다른 면을 발견할 수 있으며, 이러한 현실을 보여 주는 역할을 김홍도라는 화가가 해 주고 있는 것이다.

　그는 그림에서 있는 모습 그대로 보이는 대상의 외적인 모습보다는 그 상황, 혹은 사물의 진짜 모습을 그리려고 했다. 씨름판에서는 그 역동성을, 그리고 활쏘기에서는 활 쏘는 방향을 바꾸어 줌으로써 전체적인 구도를 완성하여 보여 주는 것이다. 김홍도의 예술적인 기질은 있는 것을 그대로 드러내는 것을 넘어서서 자유로움을 추구하고 있다. 이런 자유로움은 드러나 있는 사실寫實을 그대로 반영하는 것에 그치지 않고 익살과 해학으로 또 다른 사실事實을 드러내어 감상자의 입장에서 새로운 해석이 가능하도록 안내한다. 그것은 과학적 진리 내지는 사실과 다른 예술적인 사실, 진리에 대한 가능성을 열어 두는 것을 의미한다. 여기에 김홍도의 예술적인 기질이 드러나 있는 것이다. 그런 까닭에 그의 작품에서 발견되는 현실과 다른 부분들은 실수 혹은 잘못이 아니라 천재성의 발현이라 말할 수 있다.

불후의 명작 〈모나리자〉는
전혀 예술적이지 않다

—

레오나르도 다 빈치는 1452년 4월 15일 이탈리아 피렌체에서 멀지 않은 안치아노에서 사생아로 태어났다. 그러한 환경 탓에 그는 늘 산과 들을 외롭지만 자유롭게 돌아다니면서 자연과 동물들을 관찰하며 세밀히 연구하고 기록하는 과학적·예술적 습관을 가지게 되었다. 14살 되던 해 아버지가 그를 피렌체의 유명한 화가 밑으로 도제 수업을 받으라고 보냈을 때 그의 재능을 보고 스승이 아예 그림 그리기를 포기했다는 에피소드는 그의 탁월한 재능을 입증해 주는 단적인 예이다. 뿐만 아니라 일명 '거울 쓰기'[25]로 기록된 그의 〈노트〉는 예사롭지 않은 그의 재능과 끼

---

25 레오나르도 다 빈치의 〈노트〉를 보면 글자들의 좌우를 뒤바꾸어 기록한 것을 볼 수 있다.

◉ 〈모나리자〉, 레오나르도 다 빈치, 15세기, 루브르 박물관

를 보여준다. 특히 인체에 대한 궁금증으로 남몰래 목숨을 걸고 해부를 감행하게까지 하였던 것이다. 당시로서는 이런 일은 엄격히 금지되어 있었으며, 발각되면 종교재판에 회부되어 그야말로 마녀사냥의 본보기가 될 수도 있었다. 그러나 그런 각고의 노력이 있었기에 그의 업적을 지금도 사람들이 기리는 것이다.

학자, 기술자, 발명가, 작가, 미술이론가인 레오나르도 다 빈치는 르네상스 고전기를 열었던 사람들 중의 한 사람이었다. 그러나 정작 그가 남긴 회화는 〈최후의 만찬〉과 〈모나리자〉를 포함한 20여 점에 지나지 않는다. 그가 생각하는 회화는 수학적인 원근법과 자연 연구에 있기 때문에 하나의 과학이라고 간주되었다. 따라서 회화는 일종의 학문이며 감각기관 중 가장 확실한 것으로 여겨지는 눈에 의존하여 기하학적 원리(원근법)에 따라 제작되어야 했다. 그렇게 해서 제작된 작품은 자연을 완전하게 재현해 준다는 점과 특별한 진리를 넓게 포괄한다는 점에서 학문적인 의의가 있었다.

많은 미술사가들은 그의 회화 작품 특히 〈모나리자〉에 주목한다. 모나리자의 미소 속에 천재 화가인 레오나르도 다 빈치만의 특별한 기법이 있을 것으로 믿었으며, 그 기법을 스푸마토sfu-mato 26라 명명하였다. 그리고 스푸마토 기법의 비밀을 알아내기 위해 많은 노력을 기울이고 있다. 아래의 글을 보자.

"모나리자는 갓 둘째 아들을 낳은 산모였다." "원래 모나리자는 출산 후 흰색 투명 가운을 입고 있었다." "지금은 긴 머리를 늘어뜨린 모습이지만 원래 머리 모양은 한 갈래로 묶은 쪽진 머리였다."

'신비의 미소'로 유명한 레오나르도 다 빈치의 명작 '〈모나리자〉'(사진)에 대해 최신 적외선 및 3차원 기술 분석 결과, 새롭게 밝혀진 사실이다.

27일 뉴욕타임스(NYT), 로이터통신 등 주요 외신들은 프랑스 루브르 박물관 산하 연구보존센터와 캐나다 과학자들이 최신 과학 기술을 적용해 조사를 실시한 결과, 이같은 사실이 밝혀졌다고 전했다. 현재 모나리자 작품 속 주인공은 검은 옷을 입고 있지만 이번 조사 결과, 원래는 얇은 천으로 만든 투명한 옷을 입고 있었다는 것. 프랑스 루브르 박물관 산하 연구보존센터의 브루노 모탱 큐레이터는 "16세기 당시 이탈리아에서 이런 투명한 옷을 입는 사람들은 임신부나 임산부들이었다"며 "이는 모나리자가 당시 출산 직후였다는 사실을 나타내는 것"이라고 밝혔다. 16세기에 레오나르도 다 빈치가 그린 작품으로 파리 루브르 미술관에 소장돼 있는 모나리자의 작품 속 주인공은 1479년 피렌체에서 태어난 리자 게라르디니로 알려져 있다. 또 이미지가 흐릿하기는 하지만 원래 모나

---

26 일종의 공기원근법, 대상과 대상의 경계를 흐리게 표현함으로써 윤곽선이 없이 다음 대상으로 넘어가는 방법으로 안개 낀 배경에 사물이 떠오르는 것과 같이 보이는 기법을 말한다.

리자의 머리 모양은 지금과 달리 쪽진 머리에 모자를 쓰고 있었다는 사실도 드러났다. 이 같은 발견으로 당시 르네상스 시대에 여자들이 머리카락을 풀어 헤치고 있는 것은 품위 없는 것으로 여겨졌다는 점을 감안할 때 모나리자 속 주인공의 사회적 지위가 낮을 것이라는 의아함도 해결됐다. 모나리자 하면 제일 먼저 생각나는 그윽한 '신비의 미소'도 알려진 것처럼 '평온한' 모습만은 아니라는 지적도 제기됐다. 이번 조사 결과 새롭게 밝혀진 사실에 따르면 작품 속 주인공의 손 모양이 편안한 자세가 아니라 주먹을 꼭 쥐고 있다는 것. 모탱은 "의자에서 일어나려고 하는 자세를 그리려다다 빈치가 마지막 순간에 마음을 바꾼 게 아닌가 생각된다"고 말했다. 레오나르도 다 빈치가 16세기에 제작한 모나리자는 그간 보존 문제로 세정 작업 및 광택제 사용이 불가피해 제작 당시에 비해서 상당 부분 손상됐다. 작품 제작 이후 500년의 시간이 흐르면서 쌓인 먼지도 문제였다. 이번 연구를 실시한 캐나다 국립연구협회(NRC)의 존 테일러 미술 작품 복원 전문가는 "과학적 분석으로 모나리자에 대해 우리가 알고 있었던 것 이상의 것을 발견하게 됐다"고 말했다. 또 "3차원 레이저 카메라 기술을 이용해 모나리자를 분석한 결과, 우려와는 달리 작품 보존 상태가 상당히 양호한 것으로 나타났다"고 덧붙였다. 목판이 상당히 휘어져 있지만 아직 그림 보존 상태는 양호하며 그림이 목판에 잘 밀착돼 있다는 분석이다. 이번 분석으로 그간 가장 큰 논쟁거리였던 다 빈치 특유의 스푸마토 화법의 비밀을 밝히는 데 한 걸음 더 다가서게 됐다. NRC의 존 테일러는 "모나리자는 매우 미세한 붓칠을 이용해 그려 경계를 흐릿하게 하는 스푸마토 기법을 썼다"며 "앞으로 디지털 분석 기술이 더 발전되면 더욱 구체적인 사실들을 밝혀 낼 수 있을 것"이라고 말했다. 1980년대 이래 루브르 박물관과 손을 잡고 작품을 연구해 온 캐나다 국립연구협회는 모나리자의 신비를 규명하기 위해 2004년부터 특수 적외선 촬영과 3차원 영상 기술을 동원, 분석 작업을 벌여 왔다.

[머니투데이 박희진 기자]

그런데 레오나르도 다 빈치의 〈모나리자〉는 현재적 의미에서 볼 때 결코 회화적이지 못하다. 원래 '회화적^{pictorial}'이란 용어는 스위스 미술사학자인 하인리히 뵐플린[27]이 신고전주의 회화와 구별되는 바로크 회화의 시각적 특성을 지칭하기 위해 사용했다. 뵐플린의 견해로는 전자의 조각적인 선 위주의 표현 방식은 만져 보고 싶은 마음을 일으키게 되는 데 반해, 후자의 자유롭고 제스처적인 물감 처리, 즉 회화적 성격은 보는 이의 관심을 화려

---

27 하인리히 뵐플린(Heinrich Wölfflin, 1864.6.21~1945.7.19, 스위스)은 미술사적 분류 작업에 좀 더 확고한 토대를 마련하고자 『미술사의 기초 개념』이라는 책을 썼다. 또한 각 시대별로 미술이 어떠한 형식적 가능성을 전제로 하고 있었던가를 생각해야 한다고 주장하며 미술에 대해 가치 판단에 의한 분류가 아닌 양식에 의거한 분류를 하고자 애를 썼다.

한 시각적 효과에 집중시킨다고 했다. '회화적'의 반대는 '조각적'이 아니라 '선적線的'이다. 선적이라는 용어는 이제는 거의 사용되지 않지만 회화적이란 용어는 자유롭거나, 빠르거나, 불규칙하거나, 두텁거나, 울퉁불퉁하거나, 화려하거나, 표현주의적이거나, 아니면 그 외 다른 방법으로 필치에 관심을 모으게 하는 물감 처리 방식을 말한다.

레오나르도 다 빈치의 몇 점 안되는 그림들 대부분은 이런 의미에서 확실히 회화적이지 않다. 사실적이며 과학적이긴 하지만 예술의 조형적 의미에서 회화의 구성 요소를 갖추고 있지는 않다는 말이다. 또한 화가의 손길, 그의 붓 터치를 현대 과학으로 규명하려는 시도 자체에 문제가 있다. 회화론을 모르는 과학자가 현미경으로 〈모나리자〉를 관찰하여 밑그림 혹은 수정 전의 그림을 복원하는 작업을 통해 그림 속 모델의 신분이나 정황을 유추해 내는 것은 예술과 아무런 상관이 없다.

또한 앞서 레오나르도 다 빈치가 예술, 그림을 과학화했다는 것을 되짚어 생각해 보면 화가라는 신분보다는 과학자, 학자이기를 원했던 것을 알 수 있다.[28] 과학자 레오나르도 다 빈치의 그

---

28 르네상스의 화가들은 신분 상승을 위해 회화를 하나의 학문 영역으로 규명하려는 노력을 하였으며, 그러한 노력의 일환으로 원근법 등 과학적 방법을 회화에 적용하였다.

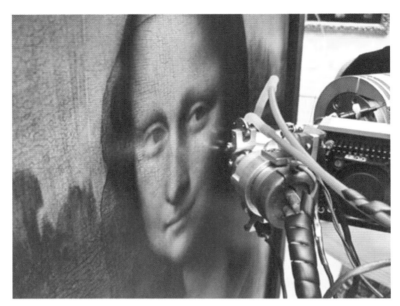

○ 〈모나리자〉 부분 사진

림은 일반적인 화가가 대상의 인상이나 자신의 감정을 표현하는 것과 다른 방식이었으며, 그의 스케치는 하나의 도면이었고 이론을 검증하거나 예증하는 도구였던 것이다. 그런 의미에서 후대의 미술사가들이 전혀 회화적이지 않은 〈모나리자〉에 '스푸마토'라는 기법을 들먹여 가며 그 모델의 미소에 마치 무엇인가 있는 것처럼 여기는 것은 예술론, 그 중에서도 회화론을 스스로 무너뜨리는 결과를 초래한다. 레오나르도 다 빈치는 돈을 받고 그림을 그려 주는 사람이었는데 이 그림을 의뢰인에게 주지 못하고 평생 들고 다녔다고 한다. 왜 그랬을까. 의뢰인이 요구한 그림이 아니어서였을까. 호사가들은 이 그림의 주인공과 화가가 불륜 관계였다는 말들을 한다. 그러나 출산한 지 얼마 안 된 이 여인과 그가 어떤 사랑을 나누었을지 의문이다. 이 그림을 그릴 때 그는 이미 노년이었는데 말이다. 그녀의 손가락에 힘이 들어가 있어 마치 또 다른 그림 〈흰 족제비를 안고 있는 여인〉과 비교하여 여성의 성적 흥분을 보여 준다고 하는데 그녀는 지금 장시간 의자에 앉아 모델 노릇을 하고 있으니 당연히 힘이 들어갔을 것이고, 사진 기사가 '웃으세요!'를 외치듯이 화가도 그랬을 터, 그녀는 억지웃음을 짓고 있는 것이다. 지금으로 치면 '썩소'인 것이다. 화가는 객관적이고 사실적인 것을 추구하기에 출산 직후 부은 그녀의 뺨을 그대로 두었고 당시 유행이어서 밀어버린 눈썹에 화장을 하지도 않았다. 미완성이 아니라 어쩌면 그게 완성이었을 수도 있다……. 그녀가 보내주는 '썩소'와 뺨의 깊이는 그냥 눈에 보이는 그대로일 수도 있다는 말이다. 뿐만 아니라 그녀의 얼굴이 화가 레오나르도 다 빈치를 닮았다고 하는 것은 오랜 세월 그 그림에 지속적으로 손을 대어 이른 결과물이다. 모델 없이 자꾸 그리다 보면 자기를 닮게 되는 것은 당연한 일 아닌가. 그녀의 눈동자가 관람자의 위치를 따라온다는 말 역시 2차원 평면에 정면을 응시하는 그림을 그려 놓으면 3차원에 있는 관람자의 시선이 그 초점을 스스로 맞춰 마치 서로 마주친다고 착각하는 현상인 것이다. 그리고 무의식의 세계가 반영되어 있다는 배경은 중요하지 않다. 화가의 작업실 벽면의 그림일 수도 있고, 화면의 대부분을 인물이 차지하고 있으므로 배경이 어떤 시점을 갖는지도 사실 명확하지 않은 것이다.

우리는 레오나르도 다 빈치가 스스로 화가 혹은 예술가임을 거부한 점과 그림 그리는 것을 업으로 삼지 않았다는 점, 당대 최고의 과학자, 기술자, 학자였다는 점, 그리고 작업 방식에 있어서도 그의 그림은 예술적(회화적)이지 않다는 점을 알 수 있다. 많은 미술사가들이 기대하고 주목하고 있는 스푸마토 기법 역시 존재하지 않을 수도 있다. 과학적인 방법으로 예술을 분석하는 일은 서로 아귀가 맞지 않은 일이다. 예컨대 과학과 광학 기술이 아무리 발전하고 진전되더라도 스푸마토 기법은 밝혀질 수 없을 것이다. 왜냐하면 레오나르도 다 빈치가 사실처럼 보이게 하기 위해 붓 자국(터치)을 없애 버렸기 때문이다. 붓 자국이 남아 있지 않은 레오나르도 다 빈치의 그림은 현대 디자인 기법 중 'gradate'[29] 기법과도 같은 것이다. 그것은 확실히 회화와는 거리가 멀다. 그러나 물론 사실적寫實的이긴 하다.

---

29 색을 차츰 변화시키거나 흐리게 하여 사물의 깊이나 공간을 자연스럽게 표현하는 기법으로 사실적인 묘사를 위해 주로 쓰고 있다.

3. 사실寫實 vs 사실事實

아놀피니 부부의 결혼엔
무슨 비밀이 있었나

—

얀 반 아이크^{Eyck, Jan van(1395~1441)}는 그의 형 후베르트와 더불어 유화를 창시한 사람이다. 그러한 얀 반 아이크의 〈아놀피니 부부의 초상〉은 숨겨진 의미들로 가득해 많은 미술사가들의 이야깃거리가 된다. 일반적으로 당시엔 성당에서 결혼식을 올렸었다. 그런데 이 그림의 결혼은 성당이 아닌 어떤 방에서 거행된다. 그것은 바로 이 결혼이 가지는 제한적인 상황을 보여주는 것이며, 이 결혼이 정략결혼이었음을 보여주는 증거이다.

기다란 얼굴의 신랑은 조반니 아놀피니라는 사람으로 이탈리아의 유명한 무역상이다. 그는 언변과 판단력이 뛰어나 정부의 재무담당 요직을 차지했던 인물이었다. 차가운 피부 색깔에 초

◎ 〈아놀피니 부부의 결혼식〉, 얀 반 아이크, 1434, 내셔널 갤러리

점이 흐려진 총기 없는 그의 눈빛은 오히려 사람을 주눅 들게 한다. 반면 순진해 보이며 살포시 고개를 숙인 채 부끄러워하고 있는 이 여자의 이름은 조반나 체나미라는 사람으로 이탈리아 유명 은행가의 딸이다. 그런 그녀가 이제 브뤼주(지금의 벨기에)라는 이 동네에서 사시 눈을 한 남자와 신혼살림을 차리려 하고 있다. 두 사람 사이에 애정의 기미가 감지되는 어떠한 느낌도 찾을 수 없는 차가운 한 장의 스냅 사진 같은 사실적인 그림이다.

작가는 사물과 상황을 치밀한 사실주의적 화풍으로 묘사하고 있다. 그런데 이처럼 많은 상징물들이 곳곳에 자연스럽게 놓여 있는 것은 이 그림이 단순한 초상화가 아니기 때문이다. 상징물들은 이 결혼에 담긴 의미와 상황들을 잘 알고 있는 화가가 결혼에 얽힌 이야기를 이끌어가는 장치들로 삼고 있다.

뒤쪽 벽에 걸려 있는 볼록 거울의 테두리를 보면 주위에 동그랗게 무언가가 그려져 있다. 바로 그리스도가 십자가를 매고 '골고다 언덕'을 향해 십자가의 길을 걸을 때 머물렀던 장소이다(10곳). 이것은 이 결혼 이후의 고난스러운 여정을 담고 있다.

거울 속을 유심히 보면 거울은 방 반대쪽의 정경을 환히 비추고 있고 거기엔 아놀피니 부부 외에 또 다른 두 남자의 모습이 들어 있다. 거울 속에는 붉은색 옷을 입은 남자와 푸른색 옷을 입은 남자가 등장하는데 푸른색은 화가 자신이며 붉은색은 그의 조수이다. 이 결혼엔 하객도 없으며 누구도 축하하거나 덕담을

하지 않고 있음을 보여주고자 하는 화가의 안타까움이 담긴 그림이다.

거울 위에 글씨가 쓰여 있는데, 거기에는 라틴어로 "Johannes de eyck fuit hic. 1434"(얀 반 아이크가 이 자리에 있었노라. 1434년)라고 적혀 있다.

참고로 화가와 함께 거울에 비친 인물이 등장하는 또 하나의 그림은 약 200년 후에 벨라스케스가 그린 〈라스 매니나스Las Meninas〉라는 작품이다.

거울 옆엔 묵주가 걸려 있다. 재질은 크리스털이다. 크리스털은 순수와 순결을 상징하며 부자 신랑이 신부에게 선물한 것이다. 볼록한 신부의 배는 임신 때문이 아니라 당시에 유행했던 복식 스타일이다. 정략결혼에다 아무런 애정이 없었으니 당연한 일이다.

◎ 〈라스 매니나스〉, 벨라스케스

천장에는 놋쇠로 만든 샹들리에가 있다. 촛대는 많은데 하나의 촛불만 켜져 있으며, 대낮인데도 초를 켜놓았다. 촛불이 한 자루 켜져 있는 것은 당시 풍습으로 결혼을 상징하는 것이며 하나님의 눈을 나타내는 것이기도 하다. 그리고 발 밑의 강아지는 세속적으로 다산을 의미한다. 화가는 최소한 이 부부에게 할 수 있는 축복을 다하고 있는 셈이다.

왼쪽 아래에는 신랑의 신발이 있고 안쪽의 소파 밑에는 신부의 붉은 신발이 놓여 있다. 이 부부는 현재 맨발이라는 반증이다. 신성한 결혼 서약을 하는 자리에서는 신이 만든 땅에 맨발로 서야 한다. 이 내용은 성경 말씀을 기초로 한다. 모세가 시내산으로

하나님을 만나러 갔을 때 하나님께서 "이곳은 성스러운 땅이니 신을 벗어라"라고 한 바로 그 대목이다.

그런데 부부의 신발이 한 군데 모여 있지 않고 따로 떨어져 있다. 화가가 이들의 결혼 생활이 순탄하지만은 않을 것임을 은근히 예고하고 있는 것이다. 안타까운 장면이 아닐 수 없다.

열정을 의미하는 오렌지는 그가 이탈리아 사람임을 암시함과 동시에 부자임을 나타낸다. 당시만 해도 오렌지는 지중해 연안에서만 생산되었으며 그만큼 비쌌다. 그리고 붉은 천으로 덮인 침대는 왕가 또는 귀족들의 재산 정도와 지위를 나타낸다. 화가는 이를 통해 상인인 그림 속 주인공의 신분을 외적으로나마 격

상시키려 하고 있다.

　이상이 얀 반 아이크가 그린 〈아놀피니 부부의 초상〉의 숨겨진 의미들이다. 화가는 그림 속 곳곳에 의미들을 담아둠으로써 15세기 유럽 르네상스의 새로운 국면을 보여 주었다. 당시 사람들은 현실(자연)을 화폭에 옮겨 담는 기술과 기법이 유화의 발명과 원근법을 통해 보다 진전되었다고 믿고 있었다. 그러나 얀 반 아이크는 실제 유화 물감의 발명자로서 이러한 기법과 기술을 최대한 활용하면서도 〈아놀피니 부부의 결혼〉이라는 그림에서 보이는 바와 같이 상징적인 장면들을 설정하여 그림 속에 인위적으로 배치하였던 것이다. 따라서 얀 반 아이크는 이 시기에 자리 잡았던 있는 그대로를 묘사하거나 재현하는 것이라는 일반적인 회화적 관점을 벗어나 있다고 볼 수 있다. 그의 회화적 표현 방식은 화가의 적극적 개입을 통한 상황의 재설정과 재해석 가능성을 여실히 보여 주는 예이다. 아놀피니 부부의 결혼은 그렇게 안타깝게 거행되었고, 화가는 그 안타까운 내면의 갈등을 여러 가지 장치들을 활용해 이야기하고 있는 것이다. 한 장의 스냅 사진같이 냉소적이며, 지극히 사실적인 그림은 그렇게 많은 이야깃거리를 남기게 되었다. 화가는 말한다. "이 부부, 사실事實은 이런 사연이 있었어." 라고.

낭만주의의 두 얼굴,
마냥 아름답지만은 않았다

—

르네상스 이후 서양의 미술을 이어받은 사조는 단연 바로크이다. 바로크 시기의 미술은 다분히 장식적이며 화려한 특징을 지닌다. 그러한 바로크기 미술에 대한 반동으로서 낭만주의 미술이 등장했는데 낭만주의 시대를 풍미했던 국가는 다름 아닌 프랑스이다. 고대 미술을 그리스와 로마가 주도했고 이를 이어받아 이탈리아를 중심으로 르네상스 운동이 일어났으며 유럽을 중심으로 바로크와 고전주의 미술 양식이 등장했고 프랑스를 중심으로 하는 낭만주의가 그 뒤를 이었다. 이때부터 프랑스는 문화의 중심지가 되었다.

프랑스 낭만주의는 스스로 태양왕이라고 칭했던 루이 14세가

◆ 그림 1 〈루이 14세〉, 이야생트 리고, 1682, 루브르 박물관

치리했던 절대왕정에서 그 절정을 이루었는데 루이 14세는 오늘날 프랑스가 유행의 중심이 되게 하는 장본인인 셈이다. 당시 그의 생활에서 이러한 것을 쉽게 발견할 수 있다.

〈그림 1〉에 등장하는 루이 14세는 강력한 전제군주였음에도 불구하고 자신의 왕권을 상징하는 왕관을 한쪽 옆에 벗어 두었다. 그는 자신이 심혈을 기울인 헤어스타일이 왕관보다 더 중요하다고 생각한 것이다. 더군다나 그는 빨간색 굽과 리본으로 장식되어 있는 제법 굽 높은 구두를 신고 있으며 하얀 타이츠를 입고 있다. 재미있는 것은 이것이 최근 우리나라에서 유행했던 '레깅스 패션'과 너무나도 닮아 있다는 것이다. 그래서 유행은 돌고 돈다는 말이 있는가 보다.

그의 얼굴을 보면 볼살이 쳐져 있어서 이미 노년임을 알 수 있으나 가발로 장식하고 타이츠를 입음으로써 탄력 있는 각선미를 자랑하고 있다. 그는 아마 늙어 왜소해진 몸매를 소유하고 있었을 것이지만 그러한 자신의 콤플렉스를 두터운 망토와 화려한 장식으로 가리고 있다. 부유해 보이는 그의 겉모습은 사실 전부 다 과장하고 꾸며 낸 것이다. 속에 있는 진실을 살짝 가림으로써 태양왕이라는 절대군주의 화려한 면을 부각시키고자 했던 의도가 고스란히 남아 있는 장면이다.

이렇듯 낭만주의는 사물의 내면 혹은 그것이 지시하는 다른 측면을 강조할 수 있는 장점이 있다. 루이 14세는 이러한 점을 정치적으로도 활용하였는데 국가의 강력한 통치에 반기를 들 수 있는 국민적 관심을 다른 곳으로 돌리기 위하여 일종의 문화 정책을 펼쳤던 것이다. 그의 문화 정책은 베르사이유 궁에서 빈번히 열렸던 가든파티 등으로 확인할 수 있다.

당시 베르사이유 궁에서는 거의 매일 파티가 열렸으며 참석자들의 행렬은 끊이지 않았다고 한다. 국민들은 파티에 초대받기를 기다리며 정치적인 문제에 대한 관심을 점차 잊어 버리게 되었다. 우리가 너무나 잘 아는 신데렐라 이야기가 세상에 나온 것이 베르사이유 궁이 준공되고 30여 년 뒤의 일이다. 그 착하고 성실한 신데렐라는 왜 밤마다 댄스파티에 가고 싶어 했을까? 분수에 걸맞지 않은 드레스와 유리 구두, 그리고 마차가 신데렐라에게 필요한 이유는 무엇일까? 오늘날 나이트클럽의 부킹 문화와 너무 비슷하지 않은가? 신데렐라도 댄스파티에서 멋진 왕자님 만나 한방에 신분 상승 하는 것을 꿈꿨던 것이 동화로 미화된 것임을 알 수 있다.

당시 파리의 분위기, 그 속의 젊은 여성들이 화장과 댄스파티에 빠져 있었다는 것은 루이 14세의 문화 정책이 성공했음을 보여 주는 단적인 예이다. 이런 문화 정책의 이면에 있는 국가의 속내를 우리는 근대 민주화 과정을 통해 누구보다도 잘 알고 있다. 군사정권 시절, 프로 야구가 출범했고, 지금은 상상도 못할

◎ **그림 2** 〈마라의 죽음〉, 다비드

영화들이 제작되고 개봉되었으며, 통행금지가 있었음에도 유흥가와 사창가는 번창했다. 프랑스 낭만주의가 마냥 아름답지만은 않은 이유이다.

이러한 낭만주의는 대상의 의미를 여러 가지로 해석하거나, 혹은 보이는 그대로가 아닌 다른 것으로도 받아들일 수 있는 여지를 남겨 주는 특징이 있다. 그러므로 눈에 보이는 호사스럽고 아름다운 것들의 이면에 숨겨져 있는 부정과 부패가 그 아름다운 동화 신데렐라에서도 보이는 것이다.

그런데 〈그림 2〉에 등장하는 인물은 과장하거나 꾸민 흔적이 전혀 없다. 푸른색 어둠으로 처리된 그 배경이 오히려 상당 부분 절제되어 있음을 짐작할 수 있다. 서양 그림에서 이런 여백을 찾아보기란 쉽지 않다. 화가는 여백을 통해 정치인 마라의 청렴한 삶을 이야기 하고 있다. 〈그림 1〉에서 루이 14세는 스스로 과장되어 버렸으나 〈그림 2〉는 그 역방향의 방식을 취한다. 정치인 마라의 죽음을 바라보는 화가는 꾸미거나 장식하지 않고 담담히 그의 죽음을 기리고 있는 것이다. 어쩌면 그 편이 청렴하고 고고하고 존경해 마지 않는 정치인 마라의 삶과 죽음을 더욱 잘 드러내어 주는지도 모르겠다.

화가는 그의 죽음과 그 의미를 남기고자 했을 것이다. 마라의 고상한 인품을 그림으로 남기려 애썼을 것임에 틀림없다. 반신

욕을 하던 그의 가슴팍을 파고들었던 날카로운 비수의 흔적은 자세히 들여다봐야 발견할 수 있으며, 피 한 방울 튀기지 않았다. 그림 속 주인공은 너무나 평온히 잠들어 있는 것이다. 그의 얼굴은 고통을 느끼지 않았으며, 그 와중에 그 가볍디가벼운 깃털 펜을 손에서 놓치지 않았다. 이것은 화가가 마라에게 보내는 마지막 예의일 수도 있다. 왜냐하면 그는 고상하고 청렴한 인품을 지닌 훌륭한 사람이므로…….

그렇게 사건의 진실을 세상에 말하고자하는 화가의 진실성 때문에 그림의 사실성寫實性은 버렸으나 주인공의 사연만큼은 사실적事實的으로 다가온다. 황제 폐하의 화려함을 표현한 그림과 억울한 죽음을 맞이한 한 정치인을 그린 그림에서 옷을 입은 대상과 옷을 벗은 대상이 대비된다. 그 차이는 바꾸어 말해 화려해 보이지만 초라함을 은폐하는 것과 초라한 주검이지만 청렴하고 존경받는 정치인의 정신을 기리는 것으로 대비된다고 할 수 있다.

이처럼 낭만주의는 두 가지의 방향으로 전개되었으며 두 가지의 관점으로 설명할 수 있다. 이러한 낭만주의의 두 얼굴은 그 다음 전개되는 사실주의라는 사조에 영향을 미쳐 외적 사실에 내적 사실을 더해 주는 방법적 시도를 가능하게 했던 것이다.

인상주의와 표현주의,
안으로? 아니야, 밖으로!!

─

　인상주의impressionism는 외부에 있는 대상에서 인식하는 주체자의 내부로 들어오는 인상을 드러내는 표현 양식을 일컫는 말이다. 이러한 인상주의는 전통적으로 초기인상주의와 후기인상주의로 분류해 왔다.

　초기인상주의자들은 마네를 필두로 모네, 르누아르 등의 화가들로 잘 알려져 있다. 그런데 인상주의자들의 화풍은 각각 독특한 방식으로 전개되어 하나의 양식을 만들지는 않았다. 특히 마네는 스스로 인상주의자들과 함께 분류되는 것을 원치 않았다고 한다. 비교적 부유한 편이었던 마네는 다른 가난한 화가들이 생계를 고민하며 작품을 팔기 위해 노력했던 것과 달리 자신만의 독특하고 자유로운 작품 세계를 자유로이 개척할 수 있었던 것이다.

　마네의 그림 〈올랭피아〉, 〈풀밭의 점심식사〉 등은 그런 점에서 자유롭고 획기적이며 사회적인 반향을 불러일으켰다. 〈올랭피아〉는 르네상스시대의 그림 〈우르비노의 비너스〉와 동일한 구도를 취하고 있으나 비너스가 있어야 할 자리에 사창가의 여자를 그려 넣었으며, 〈풀밭의 점심식사〉에서는 말쑥한 차림의 신사들과 함께 한낮의 점심식사를 즐기는 전라의 여인을 그려 넣었다. 또한 두 그림의 여인은 화면 밖을 응시하고 있어 그림을 관람하는 이들과 눈이 마주치는 듯한 착각을 불러일으켜 당시로서는 매우 큰 화젯거리였다. 이렇게 돈 많고 자유분방한 성격 덕분에 그의 주변에는 늘 재기 넘치는 젊은 예술가들이 넘쳐났다. 인상적인 인상주의의 맏형이기는 했던 셈이다.

　초기 인상주의자들은 말 그대로 인상적인 사회적 반향을 불러일으키는 데 성공했으며, 그 중심에 마네가 있었다. 그러나 마네는 종래의 방식인 신화적 재현 혹은 도덕적으로 아름다운 것을 그려내는 일을 거부하고 이를 현실화했다는 점에서 일반적인 의미로서 인상적인 활동을 한 것이지만 미술사가들이 붙인 이름 'impressionism'의 사전적 의미를 좇으면 결코 그를 인상주의자라고 할 수 없다.

impress는 외부로부터 어떤 것이 들어옴을 의미한다. 외부의 인상은 그것을 대하는 인간이 어떤 형태로든 처리하거나 변화시킬 수 있는 것이 아니다. 대상 그 자체로서 있는 그대로 들어올 뿐인 것이다. 그런 의미에서 인상주의자들의 표현은 결과물의 모양과 달리 의외로 사실적이라고도 할 수 있을 것이다.

이러한 사실을 염두에 두고 인상주의의 대표적 화가인 고흐나 고갱의 작품을 살펴보면 우리는 좀 다른 양상의 접근 방법을 발견하게 된다. 그들은 외부의 인상이 아닌 자신의 감정을 드러내는 일에 더욱 열의를 가지고 작업해 왔음이 틀림없다. 고흐의 자화상 시리즈나 고갱의 자화상들을 보면 그림의 대상이 이미 외부가 아니라 자신이며 연작들을 통해 각기 다르게 드러나는 감정들을 표출시키고 있는 것이다. 특히 고흐의 자화상 연작은 초창기 정신착란적인 신경증 증세로 인한 내면의 갈등이 그대로 노출된 〈그림 1〉에서 그 감정을 짧고, 직선적이며, 빠른 붓 터치로 표현하고 있으며, 이마와 얼굴에서 시작한 신경증적인 노란색의

● **그림 1** 〈자화상〉, 고흐, 1887년, 캔버스에 유채

● 그림 2 〈귀를 자른 자화상〉, 고흐, 1889년
1월, 캔버스에 유채

● 그림 3 〈자화상〉, 고흐, 1889, 캔버스에 유채

붓 터치는 머리와 옷과 배경에까지 마구 던져진다. 〈그림 2〉에서 고흐는 귀를 자르고 난 후의 후회일까. 아님 의기소침함일까. 알 듯 말 듯한 표정과 삐뚤어지게 다문 입술로 보다 차분해졌지만 위태로운 감정선의 긴장감을 다소 길고 느린 붓 터치로 이어 간다. 이어지는 〈그림 3〉에서는 길고 부드러운 붓 터치로 다소 수척해졌으나 심리적으로는 안정감을 찾은 듯한 모습을 보여 주고 있다. 자화상 연작에서 보이는 외모의 변화는 고스란히 그 자신의 감정을 충실히 드러내어 주는 것임을 확인할 수 있다. 그는 자신의 내면세계를 밖으로 끄집어내어 캔버스에 표현하고 있었던 것이다.

고갱의 그림에서 고갱은 어떠한가? 그는 왠지 위태로운 구도를 잡았다. 인물이 한쪽으로 치우쳐 있으며

⊙ 그림 4
〈황색 그리스도가 있는 자화상〉,
폴 고갱, 1890년, 캔버스에 유채

얼굴이 향하는 쪽의 반대편에 더 많은 공간을 둠으로써 뭔가 불
편한 구도를 택한 것이다. 그의 표정은 어딘지 모르게 미심쩍은
듯하다. 한쪽으로 몰린 눈동자는 딱 의심스러운 표정일 때의 그
것이다. 길게 드리운 고갱의 얼굴 그림자 뒤로 노란색의 그리스
도가 십자가에 매달려 있다. 그런데 이 그리스도의 몸은 화가 얼
굴의 사실적인 묘사와 정반대로 어딘지 모르게 어설프다. 길게
늘어진 몸과 팔다리와 얼굴⋯⋯. 고갱은 지금 거울에 비친 뒤편
의 그리스도상을 보고 있는 중이다. 그리고 그는 그리스도를 의
심한다. 자신은 현실에 있으므로 현실감 있게 사실적으로 묘사
했지만, 지금 의심의 눈초리로 바라보는 그리스도는 현실의 인
물이 아니다. 그리스도에 대한 자신의 마음을 그림을 통해 드러
내고 있는 것이다. 자신이 표현하고자 하는 바를 위해 철저하게

전략적이고 계산적인 그림을 그린 것이다.

○ 그림 5 〈절규〉, 뭉크, 1893년

○ 그림 6 〈키스〉, 클림트, 1908년

'표현'이라는 영어 단어는 'express'이다. 이 단어는 표현주의expressionism라는 또 하나의 미술 사조를 규정짓는다. 앞서 살펴본 바와 같이 내면을 표현하고자 했던 고흐나 고갱은 초기인상주의에서 빗겨나 있는 마네와 마찬가지로 양식적으로는 인상주의자가 아니다. 우리는 직접 그들의 작품을 통해서 이러한 사실을 알 수 있다. 그러나 굳이 경험적인 양식을 들먹이지 않아도 앞서 살핀 미술 사조의 명칭이 이를 증명해 준다. 고흐나 고갱의 방법은 이미 뭉크나 클림트로 대변되는 표현주의자들의 작품과 많이 닮아 있는 것이다. 그러므로 인상주의 시대의 대표 작가인 고흐나 고갱은 표현주의자로 재분류되어야 할 필요가 있는 것이다.

인상주의와 사실주의,
사진보다 더 사실적이다

―

서양미술사 중에서도 인상주의 미술만큼 대중들의 사랑을 받은 미술도 없을 것이다. 널리 알려져 있는 마네, 모네, 르누아르, 고갱, 고흐 등은 너무나도 유명한 인상주의 거장들이다. 이들의 작품은 그 사조를 일컫는 말 그대로 너무나도 인상적으로 다가오는 것도 사실이다.

인상주의자는 사진이라고 하는 새로운 매체의 등장에 적잖이 당황한 화가들이 사진과는 다른 방식으로 대상을 표현하고자 하는 의도에서 출발했다.

사진은 빛으로 그림을 그리는 장치인 카메라를 통해 얻어지는 결과물이다. 즉, 빛과 광학 필름의 노출, 그리고 화학 반응에 의

한 대상의 재현 방식인 것이다. 그러한 사진의 그리기 방식에는 사람의 인위적인 과정이 개입될 여지가 없다. 다만 빛을 렌즈와 조리개를 통해 조절하거나 화학 약품으로 인화하는 과정에서 그 선명도를 조절하는 등 극도로 수동적인 개입만이 허용될 뿐이다.

이러한 사진의 등장은 화가들이 더 이상 있는 그대로를 재현하는 일에 애쓸 필요가 없다는 것을 보여 주는 예가 되어 버렸다. 그로 인해 인상주의자들은 사진이 할 수 없는 것에 관심을 갖기 시작했으며, 그 관심은 아이러니하게도 사진의 재료인 빛에 집중되었다. 그들은 '빛으로'가 아니라 '빛을' 그리고자 했던 것이다. 그들의 노력으로 우리는 19세기 후반 그들이 다니던 길, 창가에서 내려다보이는 거리, 건물 등을 생생하게 볼 수 있게 되었다. 지금도 남아 있는 파리의 건물과 거리들을 새삼 19세기의 눈으로 볼 수 있다는 것은 얼마나 흥미 있는 일인가?

사진은 빛으로 대상(건물이나 인물, 풍경 등)을 드러내지만, 이 시기의 회화는 건물이나 인물 등에서 반사된 빛을 그린 것이다. 빛은 형체가 없으며 하나의 색으로 규정되지도 않는다. 그것은 질감이나 부피를 직접적으로 갖지 않기에 우리는 간접적으로 대상에 부딪혀 반사된 것으로 그 빛의 공간적 형태를 가늠할 뿐이다. 따라서 빛을 그리는 화가들은 실제 사물의 정확한 질량과 부피 등을 나타내는 것에서 자유로울 수 있었다. 이러한 예술가

○ **그림 1** 〈카푸신 거리〉, 모네, 1873년, 캔버스에 유채, 넬슨 어킨스 미술관, 캔자스시티

들의 자유는 인상주의를 필두로 다양한 미술의 흐름을 전개하는 계기로 작용하였다.

그런데 초창기 인상주의자들의 작품을 보면 사실주의라고 붙여도 될 만큼 생생한 화면을 제공한다. 인상주의 화가들은 무미건조한 사진보다 오히려 더 생경한 그림을 그려낸 것이다. 그런데 이러한 인상주의자들의 그림은 가까이에서 보면 거친 붓자국과 덜 마무리된 색면들이 존재하는 것도 사실이다. 그것은 그들이 빛을 그리려고 했기 때문이다. 대상을 직접 마주 대하고 그 대상에서 오는 인상의 순간을 포착하여 그대로 드러내고자 하는 의도에서 재빨리 그림을 그렸던 탓이다. 이렇게 해서 마감이 덜 되어 세밀하거나 꼼꼼하지 않은 인상주의 특유의 화풍이 완성된 것이다. 가까이에서 보면 거칠고 과감한 붓자국으로 인해 대상의 질감이 제대로 표현되지 못한 것 같으나 일정한 거리를 두고 보면 〈그림 1〉, 〈그림 2〉와 같이 사진이 주는 생동감 이상의 사실성을 발견할 수 있다.

인상주의 화가들의 그림을 두고 사진과 같다고 하는 이는 아무도 없다. 그러나 다음 그림들을 보면 분명 사진 이상으로 사실감 있는 것 또한 부인할 수 없다. 이를 통해 보면 인상주의와 사실주의의 경계는 '멀리서 보는 것'과 '가까이서 보는 것'의 차이

○ **그림 2** 〈파리, 비오는 날〉, 카이유보트, 1877년, 캔버스에 유채, 212.2×276.2 cm, 아트 인스티튜트, 시카고

일 뿐이다. 이 두 사조는 '빛을' 그린 것과 '빛으로' 그린 것의 방법적 차이에서 출발하였지만 결과적으로는 '생생하거나 사실적'이라는 거의 같은 의미의 결론에 도달했던 것이다.

빛의 무정형성이 화가의 자유로움을 낳았으며 이 자유로움은 무정형성 그 자체를 그리기에 결과물도 비정형적이다. 이것은 인상주의 화풍에 정당성을 부여할 수 있는 근거가 될 것이다. 사진은 '빛으로' 그리기에 그러한 자유로움을 누릴 수가 없다. 빛을 활용하기 위해 특별한 기계적 장치가 있어야 하고, 그 기계적 장치는 일정한 법칙에 따라 렌즈와 조리개를 통해 필름에 담아내고, 이를 인화지에 옮겨 내는 것이다. 결국 대상을 마주 대하고 그 속에 드리워진 '빛을' 즉시 담아내는 화가의 방식은 사진처럼 그리는 것 이상의 의미를 담고 있는 것이다.

두 개의 사실주의,
보여 주는 방식이 무게를 결정한다

—

　1808년 5월 3일, 스페인 마드리드에 주둔했던 프랑스의 나폴
레옹 군대는 그 전날, 스페인 시민들이 프랑스군에 저항하여 봉
기한 사건에 대한 보복으로 스페인 양민들을 학살한다. 프랑스
의 내정간섭으로 스페인 국왕은 폐위되었고, 스페인의 궁정 화
가였던 고야는 이 장면을 역사에 남겼다.

　이 그림에서 고야는 처참히 짓밟히는 스페인 민중을 그렸으나,
그 민중의 위대함을 복선으로 남겼다. 총칼을 겨누고 있는 프랑
스 군인들의 모습은 오히려 위축되어 잔뜩 긴장하고 있으며, 서
로 어깨를 붙여 겨우 서 있는 듯하다. 그들의 총과 칼은 전혀 위
협적이지 못하고 마치 장난감 병정들이 줄지어 서 있는 것 같은
데 반해, 총살을 당하는 양민의 무리 중 한가운데 밝게 빛나는

◉ 〈1808년 5월 3일〉, 고야, 1814, 프라도 미술관, 마드리드

흰 옷을 입고 두 팔을 벌려 하늘로 치켜든 사람은 너무도 당당하다. 마치 당당히 죽음에 임하는 예수 그리스도를 연상시킨다. 이 사람의 표정과 손은 틀림없이 과장되게 그려져 있으며 프랑스 군대는 축소된 것임에 틀림없는데, 이 모습이야말로 당시의 역사적 사실을 너무도 생생히 전달해 주고 있는 것이다. 이 일은 1808년 5월 3일 스페인에서 있었던 바로 그 사건이다.

그림이 역사를 드러내어 진실을 보여 주는 방식은 사물의 외적인 면을 재현하는 것 이상이다. 이 사건의 실체를 보여 주기 위해 고야는 현실을 왜곡했지만, 그 이면에 담긴 스페인 민중의 분노와 프랑스군의 부당함에 대한 고발만큼은 정확했다. 누구도 이 그림을 두고 사실적寫實的인 묘사라고 하는 이는 없지만, 이 그림이 1808년 5월 3일의 사실事實을 보여 주는 장면이라는 데에 이의를 제기하는 이도 없다. 그림의 제목이 〈1808년 5월 3일〉이니까 고야는 그날의 사실에 누구보다 당당하다.

1864년, 멕시코를 점령한 프랑스군은 자국의 막시밀리안 3세를 멕시코 황제로 임명하였으나 내전 등으로 인하여 군대를 철수시킨다. 이 과정에서 프랑스가 내세웠던 막시밀리안 3세가 멕시코 시민군에 의해 총살당하는데 이 장면을 마네가 그린 그림이 있다. 그런데 이 그림의 구도가 50여 년 전 고야가 그린 구도

와 너무도 비슷하다. 마네 역시 역사적 사실을 고야처럼 남겨 두려는 의도가 있었기에 고야의 〈1808년 5월 3일〉의 구도를 그대로 가져왔던 것이다.

　그런데 마네가 그린 〈막시밀리안 3세의 처형〉은 고야의 그림에 비해 너무나 사실적이고, 죽음에 대해 너무나 냉소적으로 보인다. 황제의 바로 앞 총구에서 뿜어져 나오는 화염으로 인해 그의 죽음을 예견할 수 있을 뿐이다. 멀리서 이를 구경하던 구경꾼들은 총소리에 귀를 막았지만 눈을 돌리지는 않았다. 오히려 턱을 괴고 무심히 바라보는 모습도 있다.

마네의 그림에서 황제의 죽음을 슬퍼하거나 군인들이 축소 왜곡된 흔적은 전혀 없다. 오히려 여유롭기까지 하다. 이들에게 이 죽음은 그저 역사적인 사실事實에 불과한 것으로 다가온다. 그저 그런 일이 있었다는 것을 알려 주는 것 외에 어떤 감정도 느낄 수 없는 것이다. 인상주의를 열었던 마네에게 이 사건은 고야가 스페인 민중의 분노와 프랑스군의 부당함을 고발하고자 하는 감성을 담아낸 것과 정반대의 상황인 것이다.

1951년 프랑스 화가 피카소는 한국전쟁을 뉴스로 접하고 한 장의 그림을 그린다. 그는 그 작품의 제목을 〈한국전쟁 대학살〉이라고 했다. 그는 앞선 예술가 고야와 마네의 구도를 이 그림에 그대로 가져왔다. 그리고 그 그림은 마네의 방식이 아닌 고야의 방식을 취한다.

그림 속 여인들과 아이들을 옷을 다 벗은 채이다. 그들의 표정은 심하게 일그러져 극도의 두려움과 슬픔, 혼돈을 짐작케 한다. 무엇을 의미하는가? 아무런 저항 의지도 없는 가냘프고 힘없는 민간인들임을 의미하는 것이다. 총칼을 겨누고 있는 이들은 철갑옷을 입고 있어 도무지 사람으로 보이지 않는다.

어느 한쪽에 감정의 무게를 분명히 두고 있는 이 그림은 아직

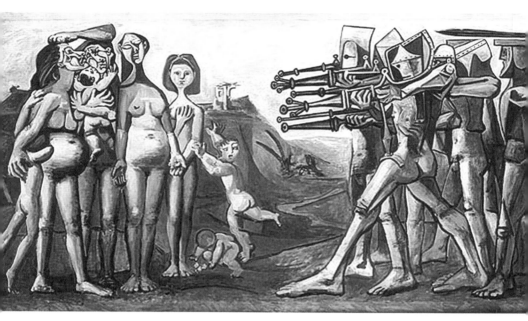

○ 〈한국전쟁 대학살〉, 피카소, 1951, 피카소 박물관

도 우리나라에서 다 밝혀지지 않은 '의문사진상규명위원회'의
사건을 보는 듯하다. 왜냐하면 총칼을 겨누고 있는 로봇 같은 이
들에게서 어떤 깃발도 보이지 않기 때문이다. 그들을 북한군으
로 봐야 할지, 한국군으로 봐야 할지, 혹은 미군으로 봐야 할지
도무지 가늠되지 않는다. 다만 그들은 총칼을 겨누고 있는 피도
눈물도 없는 군대라는 것 밖에는…….

피카소 같은 거장이 한국전쟁을 소재로 그림을 그렸다는 것은 그 자체만으로도 큰 의미가 있는데 우리나라 사람들 대부분은 〈아비뇽의 처녀들〉만 알고 있으니 안타까운 일이다. 이 그림에서 피카소는 전쟁의 참상을 전하고 있다. 어느 편이 옳다 그르다는 판단은 뒤로한 채 전쟁을 통해 수많은 민간인들이 학살당하고 삶의 터전을 잃어가는 것에 대해 안타까워하고 있는 것이다. 비교적 중립적인 입장에서 전쟁의 참혹성을 그려낸 그의 그림엔 한국전쟁의 슬픈 사실事實이 가득하다.

고야는 낭만주의 화가이며, 마네는 인상주의 화가, 그리고 피카소는 입체파 화가이다. 동일한 구도로 그려진 그림이지만 대상의 감정이나 이야기를 그려낸 것인지 대상의 외형만을 그려낸 것인지의 차이에 따라 그림이 주는 감정은 다양하다. 그리고 그들 모두는 역사적 사실을 그림을 통해 남기려고 했던 것도 분명하다. 그 사실이 제3자적 관점에서 드러난 객관적 사실寫實을 드러낸 것인지 아니면 어느 한쪽의 입장을 취한 주관적 사실事實을 드러낸 것인지의 차이에 따라 그림은 전혀 다른 무게감을 지니며, 그 표현 방식도 다르다.

이 두 가지 사실은 수많은 예술가들의 고유한 표현 양식과 주제 의식과 그 방향을 같이해 오며, 진실을 드리워주는 중요한 선택지가 된 것이다. 때로는 있는 모습 그대로가 더 진실할 수 있으며, 또 어떤 때에는 대상을 왜곡하여 그 내면을 들추어 보여 주는 것이 진실을 더 잘 드러내 준다는 것을 잘 알고 있기에 그들의 고뇌는 벅차기만 하다. 주제와 소재, 그리고 내용과 재료에 따른 표현 방식을 늘 고민하고 이것들을 잘 짜 맞추어야 관람자가 혼란에 빠지지 않는다.

이제 예술가들은 대상에 집중하지 않으며, 작품에 집중하지도 않는다. 그들은 그것을 해석하는 관람자에게 집중하여 어떤 대상을 예술 작품이라는 매개체를 통해 보여 주고 있다. 주어진 사실寫實은 그 사실事實을 어떻게 보여주느냐에 따라 전혀 다른 진리값을 가진다.

사실주의자 쿠르베,
보이는 것 너머를 보았다

—

사실주의의 창시자이며 스스로 사실주의자라고 자칭한 최초의 예술가인 쿠르베Gustave Courbet(1819-1877)는 "천사는 그리지 않는다, 왜냐하면 눈에 보이지 않기 때문에"라고 했다. 그런 쿠르베의 그림들은 너무나 사실적인 묘사로 유명하다. 특히 〈돌 깨는 사람들〉을 들여다보면 산업화로 인한 도시 빈민의 모습을 여실히 보여 주는 순간을 제대로 표현하였다.

그런데 이 그림에서 우리는 이미 당시 산업사회로의 진입이 낳은 부정적인 현실을 읽고 있다. 단순히 아버지와 아들인지 손자와 아들인지 모르겠지만 성인 남자가 돌을 깨트리고 어린 소년이 그 돌을 무겁게 들어 나르는 장면만을 무심코 바라보며 사진처럼 잘 그렸다고 감탄하는 것에 그치지 않는다. 이 그림이 감

● 〈돌 깨는 사람들〉, 쿠르베, 1849, 2차대전 중 불타 없어짐

상자에게 깊이 각인되는 것은 그림에 담긴 사연이 보이기 때문
이다. 쿠르베는 분명 눈에 보이는 것만 그린다고 했는데 우리는
왜 이 그림의 사연이 보이는 것일까?

〈화가의 작업실〉에서 화가는 많은 사람들이 보는 앞에서 풍경
화를 그리고 있다. 그런데 풍경을 마주대하고 있지 않은 것은 어
찌된 일인가? 눈에 보이는 것만 그린다는 쿠르베는 실내에서 야
외 풍경을 그리고 있는 것이다. 더군다나 그의 작업실은 지나치
게 크다. 작업실에 수많은 이들이 그의 그림 그리는 모습을 지켜

보고 있는 것으로 보아 그는 대단히 인기가 많은 화가임을 보여 주는 듯하다. 또한 지금 그리고 있는 풍경과 전혀 연관성이 없는 누드모델이 화가 옆에 있는 것은 그 자신의 성공과 능력을 과시하는 것처럼 보인다. 그러고 보니 화가의 한쪽 어깨가 으쓱하게 올라가 있으며, 턱은 치켜세우고 있는 듯하다. 이것이 사실주의 화가 쿠르베가 그린 자신의 작업실 정경이다. 사실적인가? 그는 어떤 사실을 보여 주고 있는가?

너무나도 유명한 〈안녕하세요 쿠르베 씨〉에서 화가는 그림을 의뢰한 이들이 언덕 아래 마차에서 내려 언덕 위의 쿠르베를 맞이하러 친히 걸어 올라와 인사를 청하는 장면을 묘사하고 있다.

◑ 〈화가의 작업실〉, 1855, 쿠르베, 오르세 미술관

○ 〈안녕하세요, 쿠르베 씨〉, 쿠르베, 1854, 파브르 미술관, 몽펠리에

귀족으로 보이는 그들이 모자를 벗어 화가에게 먼저 인사를 하자 화가는 고개를 들고 또 한쪽 어깨를 으쓱거린다. 그는 고객에게도 이렇게 잘난 사람인가 보다.

자화상에서도 화가는 변함없는 자신만의 자세를 유지하고 있다. 턱을 들어 올리고 한쪽 어깨를 으쓱대는 화가의 자화상은 과연 사실주의적으로 그려졌을까? 눈을 지그시 내리깔고 파이프 담배를 한쪽 입에 물고 있는 화가는 자신에 차 있다.

○ 〈파이프를 문 자화상〉, 쿠르베, 1848~1849, 파브르 미술관, 몽펠리에

그가 그린 〈목욕하는 여인〉이라는 작품은 전시 당시 나폴레옹 3세가 너무 불쾌하게 생각해 채찍으로 휘갈겼다는 일화가 있다. 몸종을 데리고 다니는 부유층 여인네의 영양 상태 풍부한 몸매를 너무도 적나라하게 보여 주고 있는 그림이다. 어쩜 이리도 사실적인지……. 그림 속 여인의 뒷태는 '셀룰라이트'로 출렁이고 있다. 그는 목욕하는 여인을 루벤스풍의 풍만하고 부드럽고 포근한 모습으로 미화하지 않았으며, 눈에 보이는 모습 그대로를 보여 주고 있다. 부유한 여인네의 부끄러운 속살을 이렇게 사실적으로 묘사한 진짜 이유는 무엇인가? 그는 왜 이렇게 불쾌할 정도로 사실적인 그림을 그렸을까?

〈센 강변의 숙녀들〉이라는 작품에서는 사실주의의 진수를 보여 주는 듯하다. 소풍 가방에 바게트를 챙겨서 강변으로 나온 그녀들은 소풍을 왔으면서도 드레스를 입고 있다. 한쪽에 자리를 잡고서는 우아하게 식사를 하거나 독서를 하는 모습이 나와야

◎ 〈목욕하는 여인들〉, 쿠르베, 1853, 파브르 미술관, 몽펠리에

○ 〈센 강변의 숙녀들〉, 쿠르베, 1856~1857, 프티팔레 미술관, 아비뇽

정상인데, 지금 흐드러지게 낮잠을 자는가 하면, 독서는커녕 지나가는 남자 구경에 넋을 잃고 있다. 그는 이것이 현실이고 사실임을 간파한 것이다. 침을 흘리며 눈을 반쯤 뜨고 흉측스레 잠들어 있는 여인의 얼굴에서 당시의 부유층에 대한 그의 속마음이 보이는 듯하다. 그림이 보이는 것에서 그치지 않는 것은 무엇 때문인가? 우리는 이 그림을 대하면서 "그래, 독서는 무슨……. 아마 저것이 진짜 참 모습일거야."라고 생각하고 있다. 그들이 부유한 귀족 가문의 숙녀들이라는 것을 직감하자 묘한 희열감마저 드는 것은 이 그림이 사실적이기 때문일까?

사실, 쿠르베는 자신을 그릴 때 의도적으로 특정 자세를 취하고 있는데, 그러한 자세로 인해 자기 자신이 미화되는 모습을 발견했을 것이다. 자화상에서 그가 최소한의 '얼짱 각도'를 유지하고 있음도 주목할 필요가 있다. 최대한 화면발 좋은 각도를 찾아 그려 넣는 것은 자기 자신에게만큼은 사실적이지 못한 모습인 것이다. 그것은 자신이 말한 '사실주의'와 다소 차이가 나는 것도 분명 알고 있었을 것이나 그는 이러한 작업을 멈추지 않았다. 그것은 사실에 대한 이중 잣대를 스스로 인정하고 있다는 것을 의미한다. 그는 스스로 공산주의자라고 했으며, 〈돌 깨는 사람들〉을 통해서는 노동에 대한 가치와 산업화에 대한 폐해를 고발하고, 〈화가의 작업실〉, 〈자화상〉 등을 통해서는 계급투쟁의 욕망을, 부유한 여인들의 목욕과 소풍 장면의 적나라한 모습을 통해서는 기성 사회의 부조리함을 비판하려 한 것이다. 그런 사실^{事實}들을 드러내는 그는 자신이 말했던 사실주의^{寫實主義}와는 조금 다른 내재된 내면을 표현하고자 하는 사실주의자^{事實主義者}였던 셈이다. 그가 그렸던 〈세상의 근원〉이라는 작품의 제목이 단순히 〈여인의 그곳〉이 아니라 〈세상의 근원〉이 된 이유는 그가 바라보는 '사실'이 어떤 '사실'인지 여실히 보여 주는 증거이다. 여자의 몸

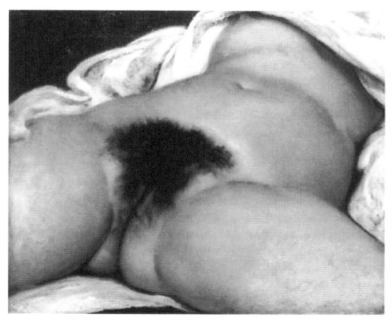

◎ 〈세상의 근원〉, 쿠르베, 1866, 오르세 미술관

을 드러내어 보여 주고서는 그것을 '세상의 근원'이라고 했으니 그는 분명 눈에 보이는 것 너머에 있는 것을 보고 있음이 분명하다.

칼레 시민들의 고통에는
더 이상의 미화도 포장도 없었다

—

1337년부터 1453년까지 영국과 프랑스는 100년 전쟁을 치른다. 그때 영국과 가장 가까운 프랑스 북부의 칼레 시는 프랑스의 필립 6세가 포기한 도시였다. 그러나 1년 가까이 항전을 계속하자 영국의 에드워드 2세는 칼레를 함락시키면 시민 전부를 학살해 버리겠다고 선포했다.

그러나 칼레 시는 쉽게 무너지지 않아 영국군으로서도 몹시 골칫거리였다. 결국 항복의 조건으로 시민 대표 6명을 공개 처형하기로 조건을 내걸었다. 시민 중 누가 대표로 처형을 당할 것인지 고민에 빠져 있을 때, 의로운 시민 7명이 나섰다.

이들은 대부분 사회의 지도층과 부유층이었다. 그러나 공개 처형 될 숫자는 6명이므로 다음날 선착순으로 광장에 나오는 사람으로 정하기로 했다. 그런데 다음날 한 명이 나오지 않았다. 알아보니 결심이 흔들릴 것을 걱정하여 미리 자살한 것으로 밝혀져 시민들이 감동했다고 한다.

이들은 영국의 요구대로 맨발에 자루로 된 옷을 입고 밧줄을 목에 걸고 영국군 앞으로 나아가 공개 처형을 당하고자 했으나, 마침 임신 중이었던 영국 왕비가 설득하여 목숨을 부지하게 되었다.

1885년 프랑스는 과거의 영웅들을 찾아 각 도시마다 기념비를 세우는 국가적인 사업을 추진하던 중, 이 칼레의 용감한 시민들을 '노블레스 오블리주'의 표상으로 삼기 위해 당시 유명한 조각가인 로댕Auguste Rodin(1840.11.12~1917.11.17)에게 조각상 제작을 의뢰하게 된다. 로댕은 제작 의뢰를 받고 10년의 고심 끝에 1895년 작품을 완성시켰다.

그가 제작 기간을 길게 소모한 것은 여섯 명의 인간들이 당시에 지니게 되었을 고뇌와 두려움, 그리고 용기, 좌절, 슬픔 등 복합적인 감정을 만들어 내기 위한 시간이었다. 그는 역사적인 자료와 인물 한 사람 한 사람의 연대기를 꼼꼼히 읽고 당시의 상황을 재현하는 등의 노력을 기울였다. 그리고 오랜 전쟁으로 인해 피로하고 찌들었을 시민들의 모습을 형상화했으며, 표정과 몸짓 하나까지도 역사적 사실로 드러내는 데 신경을 썼던 것이다.

◐ 〈칼레의 시민들〉, 로댕, 1889, 칼레 시청, 프랑스

그가 생각한 시민 대표는 '슈퍼 히어로'가 아니라 우리와 삶을 함께했던 사람들이었으며, 함께 힘들어 하고 아파했던 사람이었던 것이다. 이 때문에 이 조각상은 특별한 받침대 없이 보는 이의 눈높이 그대로에서 바라볼 수 있도록 제작되었다. 같은 사람이지만 결단을 내렸던 그들이기에, 그들이 지닌 죽음의 두려움이 더 작아서가 아니라 우리와 동일하기에 오히려 그들의 희생정신이 숭고하다는 것을 표현한 것이다. 결국 그는 시민 대표 6명을 칼레 시민들이 원하는 영웅의 모습으로 제작하지 않았다.

그러나 당시 칼레 시민들은 이런 로댕의 의도를 받아들일 수 없었다. 이로 인해 이 조각상은 애초 계획된 시청 앞 광장에 자리 잡지 못하고 외딴 바닷가에 놓여졌다. 그 후 1924년이 되어서야 시청 앞 광장으로 옮겨진다.

그들의 결단과 시민정신이 값진 이유는 똑같은 인간이지만 누군가를 대신해 죽겠다는 결단을 내린 것이며, 그 결단 뒤에 후회와 번민과 두려움, 원망과 비통함, 망설임을 고스란히 느꼈기에 그들의 희생정신을 더욱 높이 산 것이다.

로댕이 보여 주고자 했던 사실은 결연한 의지의 대단한 시민 대표가 아니라 평범한 시민이지만 나머지 다수를 위해 희생한 그 한 사람 한 사람의 감성을 보여 주고, 그것이 얼마나 어려운 일인지 알게 하는 것, 그래서 그들의 희생이 값지다는 것이었다. 마치 성경의 예수가 십자가에 매달리기 전 아버지 하나님께

이 잔을 거두어 달라고 간절히 기도했던 것처럼 말이다. 그가 신으로서 죽었다가 살아났다면 인간들에게 무슨 의미가 있겠는가? 그러나 성경은 그가 철저히 인간으로서 죽음의 두려움과 공포를 느끼고 다시 신으로 부활하였음을 밝혀 두고 있으므로 전 세계 수많은 기독교인들이 이를 사실寫實로 받아들이고 믿고 있는 것이다.

로댕에게는 〈칼레의 시민들〉을 통해 인간 본연의 복합 감정을 고스란히 드러내 주기 위해서는 것은 더 이상의 미화도 포장도 필요 없이 그 순간의 사실寫實만 포착하면 되는 것이었다. 그는 지독하게도 현실적이고 사실적인 접근법으로 〈칼레의 시민들〉을 형상화한 조각가인 것이다. 그래야 가장 진리에 가깝다고 본 것이다. 그런데 그가 집착한 이 사실寫實도 결국 그가 만들어 낸 사실이었으므로 진정한 의미의 사실이라고 보기는 어렵다. 사실寫實로 믿고 그렇게 형상화했으나 그것 역시 그가 담고자 하는 의도된 '사실事實'이 된 셈이다.

3

결국 미술은
처음으로
다시 돌아온다

감각이 감정이 되는 순간
예술이 시작된다

—

재현 및 재생의 욕구는 자연에 대한 모방 심리가 반영된 오래된 인류의 욕망 중 하나이다. 이를 위해 그림을 그리고 조각을 하며 소설을 쓰고 노래를 부르고 무용을 하는 것인데, 미술(시각언어)이 주로 활용하는 감각기관인 눈은 1차적으로 대상object과 마주하는 기관이므로 인간이 대상으로부터 무언가를 해독해 내는 첫 번째 단계의 영역은 조형예술 분야였던 것이다.[30]

눈을 통해 들어온 이미지 자료들은 선천적종합판단(칸트)이라는 과정을 통해 새로운 이미지image로 디자인disegno, design되어 각

---

[30] 최초의 재생 미디어 기기인 '카메라 옵스큐라' 역시 시각적인 것을 재생하는 기계 장치였다. 이 장치는 16세기 이후 유럽의 미술가들에 의해 활용되었으며 바로크와 신고전주의 미술의 숨은 공로자였다.

인되며, 인간의 뇌는 이를 편집(몽타주)³¹해 각각의 새로운 조형 언어로 변환시켜 예술 작품으로 표현한다.

이 과정에 객관의 주관화와 이를 다시 객관화하여 표현하는 일련의 과정이 드러나게 되는 것이다. 객관적인 대상은 감각기관을 통해 기획자(제작자, 예술가)의 머릿속에서 재생산되어 이미지로 표상되고 예술가의 주관이 담긴 작품이 되며, 이 작품은 제작된 순간 하나의 존재물로서 관람자에게 객관적인 사물로 인식된다. 관람자는 앞서 설명한 방식으로 다시 작품을 감각하고, 표상하고, 이미지화하여 주관적인 무엇인가로 재생산하는 순환의 고리에 걸리게 된다.

이 순환의 과정은 단순하게는 객관적인 것에서 주관적인 것 사이를 오가는 것 같지만 사실 이 둘 사이에는 뛰어넘기 힘든 방식의 차이가 있다. 객관적 물질 혹은 사물이 인간의 감각기관에 감지되는 순간, 사물과 인간의 감각기관은 말 그대로 연결되어 있다. 촉각이든 시각이든(빛에 의해), 후각이든, 청각이든, 미각이든 해당 물질이 신체 특정 기관(부위)에 닿아야 된다는 말이다.

---

31 몽타주의 사전적 정의는 한 토막 한 토막 산발적으로 촬영된 필름 단편들을 계획된 목적에 따라 접합해서 한 편의 완전한 작품으로 완성하는 것을 의미하며, 여기서는 객관적인 감각 자료가 경험 자료와 합쳐지면서 주관적인 이미지로 표상되는 과정으로 설명한다.

그렇게 감지된 감각들은 사물의 특성을 신경계를 통해 인간의 두뇌에 전달하게 되고, 그 이후, 어찌 된 일인지 눈물을 보이기도 하고, 웃음을 짓기도 하고, 분노를 터뜨리기도 하는 등의 감정을 유발시킨다. 이 감정은 철저히 주관적인 것 아닌가? 객관적 물질이 어떻게 주관적인 감정을 야기하는지 의문이 드는 것은 하나의 객관적 사물을 본 여러 명의 예술가가 제각각 다른 그림을 그려 내는 것에 대한 의문과 맥을 같이 한다. 마치 아날로그 방식으로 신호를 보냈는데 디지털 방식으로 출력되는 것과 같은 이야기이다.

아날로그^{analogus}와 디지털^{digit}의 차이는 무엇인가? 물질과 물질이 서로 연결되어 전달되는 것이 아날로그이고, 서로 연결되지 않았음에도 원하는 신호를 주고받을 수 있는 것이 디지털이다. 아날로그는 정해진 것이 정해진 방향으로 가는, 이를 테면 자석이 N극과 S극이 만나야 붙는 것처럼 일방통행의 방식이며, 디지털은 정해진 방향이나 내용이 없다.

감각이 감정이 되는 순간, 개성과 창의성이 드리워지는 예술의 첫 번째 과정이 진행된다. 아날로그 방식으로 전달된 객관적인 감각은 디지털 방식을 통해 수만 가지 경험 자료들 중 하나와 결합하여 특별한 하나의 주관적인 감정을 양산해 내고 표현해 내는 것이다. 그 순간을 들여다보면 오랫동안 예술가들이 고민해

온 것과 같은 표현 방식, 즉 다양한 예술 사조에 대한 이해와 예측이 가능할 수도 있을 것이다. 이를 위해 감정의 생성과 이성의 상호작용, 그리고 감각기관과의 상관관계에 대한 하나의 가설을 전개해 보려고 한다. 이 가설은 인간의 이성 활동과 감성 활동을 연결하는 통로를 발견하고자 하는 의도가 포함되어 있으며 이를 통해 종합 판단에 이르는 과정을 설명해 보려는 것이다.

일반적으로 인간의 감각기관은 시각, 청각, 후각, 미각, 촉각이라는 다섯 종류로 이루어져 있다고 한다. 그러나 최근의 의학적인 성과로 인해 내장감각과 평형감각을 찾아내었다. 내장감각은 생리적인 기능에 지나지 않으며, 인간이 인지하지 못하는 감각이므로 감정이나 이성적 판단에 기여하는 기관은 아닐 것이다. 그러나 그동안 잊고 지냈던 평형감각은 사정이 좀 다르다. 평형감각은 단순히 공간에서 위치를 파악하거나 몸의 균형을 잡는 기관이 아니라 기존 감각기관들이 받아들인 감각 자료들을 뇌의

---

aesthesis–five sense–analogie–감각 **자료**

synthesizer평형감각–fantasmata상상–imagenation표상–epistemē인식(판단)

noesis–common sense–disitus–**감각 경험**

경험 자료들과 합치거나 선별하는 등의 작업을 가능하게 하는 프로세서^{processor}의 기능을 하는 것으로 보인다.

평형감각은 '무엇 경로'(인식적 판단)와 '어디에 경로'(감각 자료와 경험 자료의 통합)[32]를 가지고 있는 감각기관이다. 이 경로의 역할과 인식의 과정을 정리해 보면 다음과 같다.

이 평형감각을 여섯 번째 감각이라고 한다면, 육감이나 예감 혹은 예지력 등으로 알고 있었던 그 역할이 인간 능력 혹은 상식 외의 것이 아닌 설명 가능한 인식의 과정 안으로 들어오게 되는 상황이 발생한다. 평형감각기관에 대해 보다 적극적으로 파악할 필요가 있으며 그 역할과 기능에 대해 보다 세밀한 관찰이 필요한 시점이다. 이 평형감각에 대한 연구는 인간의 상상력과 창의력 등 동물과 구별되는 특별한 인간의 능력을 단순히 형이상학적인 영역으로 넘겨 버리는 것이 아니라 보다 객관적으로 파악할 수 있게 해 줄 것이다. 이러한 일들을 통해 인간의 신경증, 정신분석, 심리 치료 등에 대한 새로운 접근도 가능할 것으로 여겨진다. 다시 말해 우리가 직감, 육감 등으로 알고 있는 감각기관은 물리적으로 존재하지 않은 기관으로 알고 있으나 평형기관이 여섯 번째 감각기관이 될 가능성이 높다.

---

32 최현석, 인간의 모든 감각, 서해문집, 2009

평형기관은 '어디에 경로'를 따라 그 위치, 크기, 방향 등을 예감fantasmata하는 상상적인 기반 위의 판단이며 인식인 셈이다. 결과적으로 감각기관에 감지된 현상에 대해 종합적인 인식과 판단을 가능하게 해 주는 감각기관 위의 감각기관인 셈이다. 이것이 인간의 두뇌 속 경험 자료들과 개별 감각 자료들을 연결지어 주는 중요한 고리이며, 이 고리가 상상과 표상을 거쳐 감정과 섞여 현상을 인식하게 하는 것이다. 이성은 그 과정에 평형기관이 '어디에 경로'와 '무엇 경로'를 활용하는 순간 논리적인 개연성으로 나열하거나 배치하는 등의 과정으로 발현되며, 이 이성 작용이 원활해야 역설적으로 상상력과 창의력이 극대화되는 것이다. 그렇지 않은 상상력은 미치광이 혹은 신경증적 분열증세로 발현된다.

보거나 느끼거나 하는 감각에 기초한 판단은 말 그대로 '신디사이저synthesizer'이다. 입력한 값을 다른 신호나 모양으로 바꾸어 출력하는 방식transister인 셈이다. 이 바꾸어 주는 역할을 평형감각기관이 하는 것이다. 결과적으로 종합적인 판단을 가능케 하는 인식 능력의 기반인 셈이다. 이상의 과정은 예술적인 상상의 과정과 유사하며, 이 방식은 시의 언어적 유희(은유, 비유 등)와도 같다. 이는 포스트모더니즘의 방식과도 같으며, 커뮤니케이션의 진정한 의미와도 일치한다. '하이퍼hyper-' '하이브리드hybrid-'

등 최근의 현대적인 용어 등이 추구하는 바와도 일맥상통하다. 우리는 이러한 인식 능력을 극대화할 때 창의적이라고 한다. 하이퍼리얼hyper-real, 아바타avatar 등이 시사하는 바, 물리적인 감각과 정서(감정)를 연결지어 주며 이성 작용으로 통제하는 새로운 시도들은, 기초 감각의 감각 자료와 공통 감각의 감각 경험을 연결지어 주는 평형감각이 우리를 판타지의 세계로 안내함을 보여주는 예이다. 이는 또한 역설적이게도 가장 확실한 인식으로 판단되는(믿는) '신화의 세계'로 우리를 안내하므로 롤랑 바르트가 '현대인의 신화'를 제시했는지도 모를 일이다.

우리가 인지하는 세계는 한계가 있으나 그 속에 의미와 상징을 담아 방대한 자료로 인식하는 것(마치 하이퍼텍스트hyper text)은 '페티시fetish'(물질과 신성을 결합)에 대한 본능에 충실한 것과 같다(프로이트, 융).[33] 가장 물리적이며 기본적인 감각기관이 감정과 정서 작용, 나아가서는 이성적인 종합 판단에 이르기까지 영향을 끼치는데, 이를 가능하게 하는 것이 평형감각인 것이다. 최근 뇌 과학의 영역을 중심으로 논리적 근거를 포기했었던 육감, 혹은 설명할 수 없는 기奇현상 등을 단순한 초월적 능력 혹은

---

[33] 프로이트와 융은 각각의 저서를 통해 인간의 감성과 정신세계를 물신숭배 행위로부터 출발해 분석해 놓았다.

초자연적 현상으로 넘겨 버리지 않고 인간의 인식과 판단의 능력 안으로 끌어들이려는 시도들이 일어나고 있다. 평형감각기관은 이러한 과제에 대해 가장 근접한 가능성을 제시하고 있는지도 모를 일이다.

자연을 사물로만 바라보지 않았던 시절, 자연은 객관화된 물질에 그치지 않았기에 그러한 자연을 재현하면서 영혼을 표현하고 정신을 담는 것은 너무나 자연스러운 결과였을 것이다. 그러나 플라톤 이래로 자연에서 주관을 없애 버리고, 그것을 바라보는 인간에게 주관을 옮겨 놓은 순간 자연을 감각하는 주관이 경험한 객관적 방식의 감각이 주관적 감정이 되는 혼란스러운 과정을 이해하기 힘들었을 것이다. 더욱이 개별 주관은 자신을 제외하고는 객체로 받아들이므로 끊임없는 논쟁의 중심에 있었던 것이 사실이다.

이러한 혼란은 특별히 예술 행위와 예술 작품의 가치를 논할 때 예술 작품의 형식과 구성을 중요하게 볼 것인지, 그 속에 담긴 메시지를 중요하게 볼 것인지, 미술에 있어서는 대상과의 외적 유사성을 표현할 것인지, 아니면 대상이 지닌 본질적인 감성을 표현할 것인지를 두고 고민이 거듭된 예술의 역사를 보면 알 수 있다. 그러나 다양한 예술 사조가 복잡하게 얽혀 있는 듯해도 대상의 재현에 있어 대상이 객관적인 사물인지 주관적인 감성인지, 그리고 결과물이 객관적인 재현(寫實)인지 주관화된 표현(事實)인지에 따라 분류하면 보다 쉽게 예술 사조를 이해할 수 있을 것이다.

헤어스타일과 음식맛까지
예술이 되어 버린다면?

─

    우리는 'Art'가 테크닉을 함의하고 있음을 알고 있다. 따라서 과거에 미술은 생활에 편리한 도구를 생산하거나 제작하는 솜씨를 의미하는 말이었으며 실생활에 유용하게 쓰이는 만큼의 가치를 부여할 수 있었다.

    예를 들면 좋은 책상이나 의자는 그것을 사용하는 사람의 체형에 맞거나 쓰이는 용도에 맞아야 하며 튼튼하고 안정감 있게 제작되어야 하고, 물잔은 물을 담아 두거나 마시기에 편리한 모양으로 제작이 되어야 하며, 칼은 물건을 베기 좋게 날이 잘 서 있어야 하고 그 손잡이는 손에 쥐기 편한 모양을 하고 있어야 한다는 것이다.

    이러한 조건들이 성립할 때 그 물건은 제 가치를 인정받게 된다. 실생활에서 그 가치를 측정하는 데 별 어려움이 없었으며, 따라서 그것을 제작하는 제작자(예술가)의 솜씨를 인정할 수 있었다. 그들에게는 '장인'이라는 특별한 명칭이 따라붙었으며, 그들이 각 분야에서 발휘하는 솜씨는 점차 희소성을 띄게 되어 그들이 제작한 물건(작품)들의 가치가 점차 상승하게 되었다. 이러한 현상은 시장경제의 원리에 따라 수공업 사회에서 예술가들이 경제생활을 여유 있게 할 수 있도록 보장해 주었다.

그런데 산업혁명을 통해 공업사회로 이행되자 솜씨 있는 제작자들의 경제생활이 위협을 받았다. 특히 공예 분야가 그러했는데, 앞서 예로 들었던 물건들의 대량생산이 이루어짐으로써 그들이 오랫동안 숙련하고 연마한 솜씨가 대량생산과 값싼 노동력 앞에서 평가절하되어 버렸던 것이다.

이는 Art가 오랜 기간 지니고 있던 의미인 테크닉이 예술에서 멀어져 갈 수밖에 없는 사회적 요인으로 볼 수 있다. 그런 덕분에 Art는 'fine arts'라는 새로운 이름을 갖게 되었다. fine arts는 실생활의 유용성과 상관없이 그 자체로 괜찮은 인간들의 소산이다.

'fine'이라는 말이 '정서적으로 괜찮은', 혹은 '즐거움을 주는', '좋은 것' 등으로 해석되기에 fine arts, 즉 순수예술은 그런 의미를 갖는다. 별로 쓸모는 없으나 그것을 마주하는 자들에게 즐거움을 주거나 감성적 동조를 유발케 하여 카타르시스를 경험하게 하는 아주 특별한 물건이다.

여기에는 유용한 물건을 만들 때 발휘되는 솜씨와는 좀 다른 방식의 솜씨가 필요하다. 오랜 기간 사람들은 그것을 감성이라고 믿어 왔으며 그래서 19세기 미학자 바움가르텐은 미학을 '감성적 인식의 학'이라고 정의내린 바 있다. 영혼이 없는 캔버스에 정서를 불어넣어 서로 소통하게 하는 기가 막힌 솜씨를 논리적으로 설명하고자 하는 것이 미학이다.

그런데 서로 어울리지 않은 예술과 미학, 그리고 유용한 공예품 간의 줄다리기 속에 법칙이 있는 기술인 'arts'와 특별한 법칙 없이 자유롭게 솜씨를 드러내는 'Art'가 어느 날 섞여 버렸다.

실제로 우리는 예술과 미술을 영어 표현 그대로 '아트'라고 해 버린다. 심지어 맛있는 음식이나 멋진 옷 등 매우 즐겁고 유쾌하고 좋은 것을 "그거 예술이다."라고 표현하기도 한다. 멋진 자동차도 '예술'이고, 멋진 연설도 '예술'이고 멋진 헤어스타일도 '예술'이다.

이렇듯 현대인들에게 예술은 유용성과 감성적 소통을 동시에 충족시키는 것이다. 최근 디자인 영역에서 유행한 단어인 '감성 트렌드'는 유용한 제품에 예술적 감수성을 덧입힌 마케팅 전략 아래 등장한 신조어이다.

영화 〈The Art of War〉는 원래 〈An arts of war〉라고 표기해야

한다. 고대에 용병술, 건축술, 점성술 등에 테크니컬하고 전문적인 arts라는 말이 들어가 있었던 것을 상기해 보면 그러한 이유를 잘 알 것이다. 그런데 이 경우 Art라는 말을 씀으로써 여러 가지 유용한 법칙들 중 하나인 전쟁에 해당하는 영역(사실 이 분야는 싸움에서 이기기 위한 방법을 이성적이고 논리적으로 드러내야 하는 목적이 있다)을 도덕적 판단에까지 끌어올리려는 의도를 포함시켰다. 이 '도덕적 판단'은 칸트의 판단력비판에 근거를 두고 있는 말이며, 플라톤의 최고선으로서의 이데아인 '미'에 이르는 미학적 용어이다. 이것은 과연 합당한 것인가?

그러나 우리는 일상생활에서 예술이라는 말을 너무나 자연스레 사용하고 있는 것이 사실이다. 언제부터 예술이라는 말이 우리의 모든 일상생활에 들어오게 되었는가. 그럼 우리는 칸트가 말한 바, '예술적인 삶'을 살고 있는 것인가.

희소성의 가치와 완성도, 그리고 장인의 솜씨가 어우러진 특별한 상품에 Art라는 의미를 부여하는데, 장인의 숙련된 솜씨에 걸맞는 화폐적 환산이 일반적인 상품의 가치를 상회하자 그 가치를 합당하게 하는 방법으로 예술적인 가치를 끌어온 듯하다.

이는 최근 일고 있는 '명품'에 대한 선호와 무관하지 않다. 그 '명품'은 그냥 물건이 아니다. 소비 품목 중의 하나를 넘어서는 소장 가치가 있는 예술품의 경지에 이른 것이다. 그런데 대중들의 이러한 관심은 기이한 현상으로 전이되기도 했는데 그것이 바로 미술품 경매시장의 호황이다.

미술품 즉 Art는 정신적이고 감성적인 것이므로 원래 그 가치를 측정할 수가 없음을 함의하고 있다. 플라톤이 의도한 대로 보편적인 미가 있어서 예술가의 솜씨에 카논이 존재한다고 할지라도 작품을 바라보고 받아들이는 개인의 감수성과 미적 경험들이 다양하고 각기 다르기 때문에 더더욱 그 가치를 교환가치인 화폐로 책정할 수가 없다. 이를 진단하기 위해 지금까지 Art와 arts의 상관관계를 기술한 것이다.

Art라는 도덕적 가치 판단에 arts라는 특별한 솜씨가 더해졌을 때 이를 fine arts라고 한다면 그 반대의 경우, 즉 arts(상품)의 생산과 공급 마케팅을 위해 활용된 Art는 'fine'하지 않은 arts일 것이다. 여기에서 더 나아가 우리는 대중문화를 고급하거나 건전한 것과 저급하거나 퇴폐적인 것으로 구분할 수도 있다. 단순한 마케팅과 상술에 동원된 Art인지 아니면, 그 문화 컨텐츠의 가치를 소통하기 위한 방법으로서 arts를 활용했는지에 따라 그 문화 컨텐츠의 건전성을 확인할 수 있는 것이다.

현대의 문화 현상에 대한 이러한 논리를 찾고 진단하는 것은 좀 케케묵은 이야기일 수도 있으나 플라톤이 주장한 바, 정의로운 사회(살기 좋은 사회, 최고선의 실현)의 구현을 위해 꼭 필요한 일이다. 우리 사회가 현재 안고 있는 문화 컨텐츠의 범람 속에서 건전하고 유용한 것을 가려내는 일은 21세기 문화를 선도하는 한류 바람에 힘을 실어 주는 자산이 될 수 있으며, 스스로의 기초를 든든히 하는 일이다. 기초가 튼튼해야 오래가는 법이다.

예술의 상품화는
예술 가치의 유통이 아니다

ㅡ

홀륭한 예술 작품은 시대를 넘나들며 관람자와 마주한다. 수많은 예술가들이 남긴 작품은 작가의 손을 떠나 세계인의 눈앞에 다양한 방식과 다양한 미적 경험으로 해석되며 감동을 전한다. 이러한 설명은 작품과 예술가의 관계를 이해할 수 있도록 해 주면서 동시에 작품과 관람자의 관계까지 이해할 수 있도록 해 주는 것이다. 작품과 예술가, 작품과 관람자 사이의 소통은 곧 예술가와 관람자의 소통에까지 나아갈 수 있다. 결과적으로 작품을 매개로 하여 예술가와 관람자가 연결되는 것으로 해석 가능하다. 그 연결의 방식인 소통은 오래 전 철학자 아리스토텔레스의 모방(미메시스)에 이은 카타르시스 이론에서도 엿볼 수 있는 내용이다.

그런데 우리가 미술관이나 박물관에서 경험할 수 있는 것들에 대해 이러한 소통을 적용하여 설명하려면 상황이 좀 난처해진다. 각각의 경험 자료가 다르기 때문에 최초 예술가가 자신의 '어떤 감정'을 이입시켜 놓은 작품에서 그 '어떤 감정'을 발견 못할 가능성이 있기 때문이다. 오히려 관람자가 개별적으로 경험했던 감정이 그 작품을 통해서 '또 다른 감정'으로 촉발되는 일이 현상적으로 발견된다. 따라서 예술가, 작품, 관람자로 이어지는 소통의 연장선은 동일하다고 볼 수 없다.

다시 되돌아가 예술가가 작품에 자신의 감정 혹은 메시지를 담아 제작하는 과정에 주목해 보자. 예술가의 '어떤 감정'은 작품 제작의 전 과정에 관여한다. 그 감정은 작품을 디자인하고 제작하게 하며, 예술가는 끝내 그 결과물로서 작품을 남기게 된다. 여기에서 우리는 작품이라는 것의 두 가지 가능성을 발견할 수 있다. 하나는 작품의 '제작 과정'이고 나머지 하나는 '결과물'이다. 예술가의 감수성이 있는 그대로 반영된다면 그것은 예술가의 감성과 이성에 의한 제작 과정(디자인)일 것이다. 그것이 유한하고 구체적이며, 개별적인 것으로 만들어졌을 때는 이미 만든 이(예술가)의 손과 정신을 떠나 있는 새로운 개체인 것이다.

이를 예술계에서는 오랫동안 '오브제^{object}'라고 불러왔다. 이 객체로서의 예술 작품은 세상에 놓이는 순간 작가를 등지고 관람자를 향한다. 예술가의 감정 혹은 정신이 일부 담겨진 이 작품은 '또 다른 감정'들(관람자)과 마주하며 변화되는 이미지를 제공한다. 이러한 관객과의 만남은 각기 다른 해석과 다른 가치를 낳게 된다.

이러한 다양한 해석 가능성과 다양한 가치로 인해 예술 작품이 다수의 관람자와 소통할 수 있는 것이다. 이러한 현상은 현대 예술로 올수록 더욱 뚜렷이 드러나는데 훌륭한 예술 작품일수록 하나의 이미지에서 다양한 이미지를 마주할 수 있도록 한다. 간혹 다양한 이미지를 작품 스스로 보여 주기 위해 노력하는 인위적인 예술 작품이 있기도 하지만 예술 작품과 관람자의 소통 방식은 관람자의 미적 경험에 의존할 수밖에 없는 구조이므로 자연의 방식으로 놓이는 것이 좋은 예술 작품의 예라 할 수 있겠다. 이것이 자연에서 모방을 거듭하여 예술 작품으로, 그리고 진리로 나아가게 했던 아리스토텔레스의 모방론이다. 이러한 모방은 관람자에게 감상이라는 모방을 통하여 제각각의 카타르시스를 느끼게 함으로써 삶의 지혜와 진리를 깨닫게 한다.

최근 미술품 경매가 호황을 누리고 있다. 위의 논의를 통해 우리는 예술 작품을 하나의 가치로 측정할 수 없음을 알 수 있었는데, 경매의 경우는 수요와 공급의 가치가 서로 맞아떨어져서 그 가격이 실물화폐로 측정되는 경우이므로 논란의 여지가 크다.

예술 작품은 하나의 소통의 통로로서 그 시대와 역사 속에서 대중들에게 미적 소통을 통해 카타르시스를 전해 주는 인류의 소중한 산물이다. 조각가 로댕은 유언으로 자신의 작품을 파리시에 귀속시켰으며, 우리나라의 근대 화가 박수근의 작품을 그의 아들이 공공기관에 기증한 사례가 있다.

이러한 경우처럼 시대와 지역을 초월하여 소통의 통로가 되는 예술 작품은 어느 특정한 개인의 재산으로 소장되기보다는 대중이 마주할 수 있도록 해야 한다. 앞서 살펴본 대로 예술 작품이 예술가 개인의 손을 떠나 불특정 다수인 관람자를 만났을 때 그 의미가 새로워지고 확장되어 측정할 수 없을 만큼의 가치를 지니게 되는 것이다.

이로 미루어볼 때 경매나 미술품 시장의 호황은 예술 작품을 하나의 상품으로 전락시키는 결정적인 요인이 된다고 볼 수 있다. 이러한 상품화는 예술을 예술 아니게 하는 현상이므로 진정한 예술의 가치인 소통의 의미를 되새겨야 할 것이다.

4. 모더니즘 vs 포스트모더니즘

'나쁜 남자'를 극복하는 것은 '소녀시대'이다

—

최근 대한민국 대중문화의 코드 중 하나는 단연 '마초'이다. 보다 최근에는 '나쁜 남자', '차도남' 등 조금씩 다른 용어로 발 빠르게 변해가고 있으나 '마초'가 지니는 본질적인 의미를 크게 벗어나지 않는다.

'마초'란 원래 스페인어 'macho'에서 나온 말로 '수컷, 사나이'를 뜻한다. 대한민국의 마초 열풍은 '마초이즘machoism' 즉 '여자보다 우수하다고 믿는 남자의 행위, 사내다움, 남성성'이라는 뜻이다.[34]

---

[34] 마초(macho)는 스페인어로 남자를 뜻하고, 라틴아메리카에서는 성적 매력이 물씬 풍기는 남성을 의미한다. 남성적 기질을 지나치게 강조해 남자로 태어난 것이 마치 여자를 지배하기 위한 특권이라도 되는 듯이 행동하는 일련의 증상 또는 그러한 행태를 마초증후군이라고 한다.

이런 마초, 즉 나쁜 남자를 우리 사회는 너무나 쉽게 받아들이고 선호하는 경향이 있다. 친절한 남자보다 나쁜 남자에게 더 끌리는 것은 그 남자가 가지고 있는 우월함, 즉, 부와 권력, 능력 때문인 것이다.

그런데 이 마초이즘은 초기 모더니티 문화에서 그 방향성을 찾을 수 있다. 바로 미국이라는 나라가 1, 2차 세계대전을 통해 세계를 통제하려 하는 우월함을 문화를 통해 심어 넣으려는 나쁜 의도에서 출발한 것이다. 특히 모더니즘 초창기 문화 코드를 미국 정부 주도하에 만들어 그 방향을 이끌려고 했으며 할리우드 영웅 영화를 통한 미국 문화의 우수성을 공공연하게 퍼트렸다. 이에 세뇌 당한 대부분의 나라는 미국 문화에 무조건적이었던 것이 사실이다.

진정한 모던 아트의 시작은 아방가르드 운동이다. 유럽에서 시작된 아방가르드 운동은 그 명칭에서 알 수 있듯이 전위적이며 새로움을 창출하고자 하는 일종의 정신 운동이었다. 이러한 아방가르드의 자유, 새로움에 대한 욕구는 대중 의식을 작용하게 하였으며 이후 보헤미안 운동으로 확산되기도 했다. 나아가 미국의 히피운동에도 영향을 미치게 된 것이다.

이 정신을 미국이 이용하면서 네 가지의 구조적 특성인 'new, exception, deep, difficult'라는 모던 아트의 방향성을 제시해 주었다. 이러한 방향성은 결국 엘리트에 의해 주도되는 문화에 당위성을 부여하였으며, 그들의 특권 의식에 따라 누가 먼저 시작하느냐 하는 '오리지널리티'가 중요한 화두가 되었던 것이다. 미국에서 유행한 것이 최신식이고 좋은 것이라는 인식이 뿌리 깊게 심겨진 것이다.

이는 또한 오늘날 같은 거리에 원조 설렁탕집이 난무하는 이유이기도 하다. 그 맛이 중요한 것이 아니라 어느 집이 진짜 최초인가가 중요한 이상한 현상이다. 내용이 중요한 것이 아니라는 식의 이러한 사고방식은 조금만 깊이 고심해 보면 우리를 반성하게 하므로 얼마나 위험한 일인지 잘 알 수 있다.

20세기 초 무솔리니, 나치, 구소련의 극단적인 아방가르드의 정치적 활용으로 인해 위태로운 유럽을 피해 미국 뉴욕에 모여든 젊은 예술가들에 의해 유지된 아방가르드 정신은 이후 미국이 냉전 체제에서 비교 우위를 점유함과 동시에, 상대적으로 역사가 짧은 미국의 정체성 확보를 위해 정치적으로 활용되면서 다시금 변질되었다. 이 과정에 CIA(중앙정보국)가 개입하여 대중문화의 코드를 조작한 것이다.

우리가 알고 있는 할리우드 영화 람보 시리즈, 로키 시리즈 등 미국의 영웅주의 영화의 제작 전반에 미국의 중앙 정부가 관여한 것이다. 이 영화들에서 발견되는 '마초'는 세계를 구원하는 영웅이지만 아무나 될 수 있는 것이 아니라 미국이라는 나라에 몸 담은 사람이기에 가능하다는 인식이 배어 있다.

사실, 20세기 초 유럽에서 이주한 예술가들을 받아들인 미국 은 고국을 잃은 수많은 예술가들에게 고마운 나라였으며, 자연 스레 자신의 모국을 버리고 미국을 자국으로 삼게 되었다. 이는 자유의 나라 미국이 그들을 받아들여, 단일민족은 아니지만 세 계를 품을 수 있는 국가로서, 세계를 위한 미국의 필연적 간섭을 설명하는 예인 것이다.

이 시기, 미국은 파리의 문화 주도권을 뉴욕으로 옮기려는 계 획을 수립했다. 바로 MoMA(Musium of Modern Art)의 설립 이다. 'MoMA'의 초대 관장 록펠러는 전직 CIA요원이었으며, 'MoMA'의 자본은 CIA의 검은 돈이었다.

그들은 뉴욕으로 모여든 유럽의 예술가들을 불러 모아 작품을 구매하고 전시를 열어준 것이다. 떠돌이이며 가난뱅이이던 그들 은 자연히 미국에 우호적일 수밖에 없었으며, 자신들을 일약 슈 퍼스타로 만들어 준 미국에 감사할 수밖에 없었다. 이때의 최대 수혜자가 팝아트의 대가들인 잭슨 폴록, 앤디 워홀 등이다.

그들은 대중스타와 같은 예술가를 양산하였으며, 투박하지 만 새롭고NEW 어려우며DIFFICULT 그 누구도 하지 않은EXCEP-TION 예술을 할 수 있게 후원해 주었다. 물론 그 이면에 깊이 있는^{DEEP} 정치적 전략이 있었던 것은 두말할 필요가 없다. 텔레비전의 보급으로 그들의 예술계는 전 세계에 방영되었으며, 이를 통해 미국이 지닌 문화 권력이 보다 확고해질 수 있는 기반을 대중들 속에 심어 놓은 것이다.

이는 원래의 모더니즘이 지니고 있던 아래로부터의 전위 운동과 어긋나는 문화 현상을 초래하였으나, 엘리트에 의해 주도된 대중문화는 이미 대중들의 저변에 깊이 자리 잡았다. 이것이 미국이 주도하는 전략적 모더니즘이다. 이러한 모더니티의 잘못된 적용에 대한 반발로서 포스트모던을 지향하는 예술가 그룹이 생겨났다. 포스트모더니스트들의 세계관은 정치적으로 길들여진 엘리트 혹은 거대 자본이 아닌 개인의 성찰과 반성에서 출발하므로 초창기 아방가르드 운동가들과 맥을 같이한다고 볼 수 있다.

예술이 중세 시대에 종교와 결탁했을 때 지녔던 문제는 자연히 계급(정치)에 활용되는 모습이었으며, 이는 자본(돈)이라는 유한한 가치에 정신적인 예술의 가치가 책정되고 방향 설정 되는 결과를 초래했는데, 근대에 이르러 이 과정을 미국발 모더니즘이 그대로 따라하는 모양이 된 것이다. 이를 반성하고 바로잡으려는 시도로서 포스트모던 예술이 현재 진행 중이다. 또 다시 예술이 타락하지 않고 그 역할을 다하기 위해서는 대중문화를 대중에게 맡겨 그 자율성과 자발성이 만드는 거대 흐름을 따라

야 할 것이다.

마초, 이는 분명 대중문화의 코드이다. 그러나 소수의 엘리트 (권력 주도자)에 의해 정서적으로 세뇌된 대중문화의 코드인 것이다. 이러한 대중문화는 자연스럽지 못하기에 결국 새로운 반발 작용이 생기게 마련이다. 예의 없고 버릇없으며, 자신의 이익을 최우선으로 여기는 멋스럽게 포장한 이중적인 남성미, 한편으로는 전쟁을 조장하고 군수물자를 지원하며, 한편으로는 다민족국가로서의 자유와 창의성을 보여 주고자 애쓰는 나쁜 남자, 문화의 깊이나 저력이 없으며 역사가 짧은 미국이 세계 역사의 찬란한 문화를 값싼 포장지로 덮어 버리려 한다.

그러나 우리에게는 강직하고 우직한 마초들이 늘 있어 왔다. 굳이 자신을 드러내려 하지 않았으나 민족의 역사를 주도해 온 마초들이 있었다. 때로는 나라 잃은 설움에서 벗어나고자, 때로는 잘못된 정쟁을 바로잡고자, 때로는 이웃의 아픔을 함께 나누고자 애썼던 우리의 마초들을 되새김해야 할 시점이다.

대중문화는 원래 대중들에 의해 자연스레 형성되어 드러나는 것이다. 이에 누군가가 방향을 지우려 한다면 그는 자신이 원하는 대로 억지로 물길을 내야 할 것이다. 그 과정에 누군가는 혜택을 받겠지만 누군가는 피해를 입게 된다. 이러한 문화의 형성과 발전은 자연스레 반발과 비판을 받게 마련이며 이를 되돌리기엔 너무나 많은 시간과 노력이 필요하다.

세계 문화의 지형도에 한국적 모더니즘, 포스트모더니즘을 새겨 넣어야 할 시점이다. "가장 한국적인 것이 세계적인 것"이라고 했던가? 대중이 자연스레 만들어 온 우리의 문화가 한류라는 바람을 타고 전 세계의 문화를 주도하고 있다. 정부의 어떤 도움도 개입도 없이 대중이 만들어낸 자연스러운 문화가 지닌 저력을 유감없이 발휘하는 중인 것이다.

그런데 그런 문화의 중심에 '소녀시대', '원더걸스' 등 우리의 어린 소녀들이 있는 것은 그들의 '마초'와 너무 비교되지 않은가.

포스트모더니즘은
모더니즘의 회귀 운동이다

—

 1, 2차 세계대전을 피해 미국으로 모여든 유럽의 엘리트들이 새로운 도시의 대중을 형성했다. 그들은 독일의 아방가르드주의자들이었으며, 프랑스의 보헤미안 운동가들이었다. 역사가 짧은 미국으로선 그들이 생산하고 퍼뜨리는 문화를 받아들일 수밖에 없는 상황이었다. 그러나 일각에서는 비규정적이고 지나치게 자유분방한 새로운 문화에 대한 비판이 일었던 것도 사실이다.

 아도르노는 이러한 현상에 대해 무형식의 조화, 단순함과 원시주의가 상업적으로 탈바꿈한 것, 순수성을 잃고 그 가치를 타락시키며 대중을 선동하는 것이라고 비판했는데, 벤야민은 예술과 정치는 서로 밀접하게 연관 있으며, 서로 상생하는 것으로서 새로운 가치를 창조하는 것이라고 옹호했다. 과도기 미국의 문화는 이렇게 서로 부딪히며 급변하고 있었던 것이다.

대중문화는 대중이 수용하고 옹호하는 방향으로 자리 잡을 수밖에 없는 것임에도 불구하고 모더니티는 더욱 엘리트적이고 반대중적이며 반민주적인 경향을 띠게 되었다. 20세기의 첫 문화 운동은 다소 폭력적이며 급진적인 아방가르드라는 운동이 근간이 되어 펼쳐졌다. 그러나 근대의 반체제적이고 불합리한 사고 운동이 근간이 된 이 문화적 흐름은 끝내 대중을 배제한 채 진행되었다.

미국은 러시아와 유럽의 사회주의리얼리즘 예술에 대응하기 위하여 만들어 낸 미국적 모더니즘인 소위 자유주의 모더니즘을 전개해 나아갔다. 러시아에서는 아방가르디즘의 영향으로 정치적인 내용을 예술로 승화하려는 구성주의 운동이 펼쳐졌다. 그러나 지나치게 형식적이고 지나치게 정신적인 예술이 지닌 개인의 감성과 자율성이 지닌 반체제적인 위험성을 감지하고 사회주의리얼리즘을 주창하기에 이른다.

이 시기 유럽의 모더니즘은 초창기 아방가르드 운동과 보헤미안 운동의 열풍으로 예술, 문화, 인종, 종교, 정치를 뛰어넘는 자유분방한 사유 체계와 경계를 가지게 되었다. 그러나 이후 공산

당에 의해 자본주의의 퇴폐한 부르주아라는 비난으로 즈다노비즘(안드레이 즈다노프) 운동이 확산되고, 히틀러 추종자들이 주최한 퇴폐미술전에는 큐비즘, 퓨처리즘, 표현주의까지 포함되어 있었다. 결국 유럽이 버린 유럽의 초기 모던 아티스트들은 미국으로 모여들 수밖에 없는 상황이었다.

2차 대전 이후 미국은 마셜플랜을 가동한다. 서유럽 지원을 통한 경제적 환원과 냉전시대의 가속화를 통한 지속적인 미국의 우위 선점을 꾀하고자 한 마셜플랜은 결과적으로 자본과 이념의 대립이라는 갈등 구조를 양산하게 되었다. 이제 예술은 자본의 편에 서거나 이념(사회주의)의 편에 서거나 둘 중의 하나가 된 것이다.

미국은 1913년 전투기 격납고를 개조하여 '아모리쇼'라는 국제현대미술전을 개최하여 1,100여 점의 유럽 미술 작품과 예술가들을 뉴욕으로 집결시켜 사회주의에 비해 상대적으로 우월한 문화와 예술의 지위를 점유하고자 하였다. 이 사건을 계기로 1929년에는 뉴욕 현대미술관(MoMA)을 개관하였다. 재미있는 점은 이 미술관의 초대 관장이 바로 전직 CIA 국장이었던 록펠러라는 사실이다.

뉴욕 현대미술관을 개관하면서 유럽, 그중에서도 파리를 주무

대로 펼쳐지던 당시의 문화 중심지를 뉴욕으로 옮기는 데 성공
했다. 뉴욕 현대미술관은 무명이었던 잭슨 폴록, 드 쿠닝, 마크
로드코 등 아방가르드 작가들을 전략적으로 후원하였고, 부와
명예를 만난 아방가르드주의자들은 자본과 권력의 하수인이 된
셈이다. 이로써 상업주의 모더니즘이 전개되었다.

미국의 모더니즘이 승승장구만 한 것은 아니다. 당시 상원의원
이었던 조셉 매카시에 의해 모더니즘은 공산주의의 산물이므로
색출하여 배제시켜야 한다는 주장을 정책으로 삼게 된 것이다.
사실 모더니즘의 시작에 마르크스의 영향을 무시할 수 없었으

◐ 영화 〈모던 타임즈〉 중, 찰리 채플린, 1936, 미국

며, 특히 아방가르드 운동은 나치의 이념에 매우 근접한 것이었다.

이러한 정치적 간섭에 희생된 예술가 중 한 사람이 바로 찰리 채플린이었다. 그가 제작한 〈모던 타임스〉[35]는 자본주의의 퇴폐성과 비도덕성에 대한 비아냥거림과 냉소가 가득했기에 문화를 선동하고 그 방향성을 지정하려는 미국의 입장에서는 상당히 불쾌했을 법도 하다.

그러나 이미 대중의 저변에 깊이 각인된 모더니즘은 쉽사리 없어지지 않았다. 오히려 더 큰 대중적인 열망을 불러일으키게 되는데 블루스가 대표적인 사례이다.

사회 지도층이 봤을 때 이 블루스는 값싸고 저급해 보였다. 그러나 미국 남부 흑인들에게서 시작된 이 음악은 1940년대 재즈로부터 분리되어, 리듬앤블루스, 로큰롤로 발달하여 엘비스 프레슬리라는 대중 스타를 낳았다. 이쯤 되면 정치적으로 손쓸 수 없는 지경임을 충분히 짐작할 수 있다. 특히 엘비스 프레슬리의 음악이 '테디보이'[36]와 만나자 자본주의 사회의 저변에 강력한 대중문화의 흐름이 형성되었다. 저급한 대중문화이므로 당시 미국

---

35 〈모던 타임즈〉 1989.12.9
36 영국의 테디보이(teddy boy)는 발목바지, 벨벳 재킷, 끈 넥타이, 스니커즈, 기름 발라 빗어 넘긴 머리를 한 신사의 옷차림으로, 1차 세계대전 이전 에드워드 7세 때의 상류층 사회인들의 모습을 흉내낸 저항 의식의 표출이다.

의 상류층은 음악으로 취급하지도 않았던 이 음악에 그들의 자녀가 열광하고 전 미국이 빠져들었으며, 텔레비전의 보급으로 인해 전 세계로 퍼져나갔던 것이다. 그들이 그토록 싫어했던 저급한 문화가 미국을 대표하는 문화 코드가 되어 버렸다.

TV스타였던 젊은 케네디의 대통령 당선, 그가 행했던 쿠바 침공 실패와 그 실패에 대한 솔직한 인정, 그리고 강력한 미국과 소련의 냉전 체제 구축, 케네디 암살, 영국 출신 비틀즈가 최초의 뮤직 비디오 'pop promo film'을 들고 미국으로 건너온 사건, 롤링 스톤스의 등장 등 일련의 일들은 기성세대에 대한 반항과 자유분방한 청년 문화의 상징인 히피문화로 확산되어 이제는 그 누구도 막을 수 없는 거대한 미국발 모더니즘이 형성된 것이다.

한편, 자본주의의 매카시즘과 공산주의의 즈다노비즘의 의도적인 충돌은 냉전 체제를 더욱 강화하여, 국제사회에서 미국의 역할론을 다져나가는 데 한몫했으며, 공산권의 억압을 피해 자유 진영(미국)으로 망명한 문화예술인들에 대한 관리, 감독은 결과적으로 의도된 대로 전개되지는 않았으나 미국 문화의 저변을 형성하는 데 일조하였다. 이런 와중에 발 빠른 뒤샹과 앤디 워홀 같은 예술가들은 사물의 실체를 뛰어넘는 개념주의 예술론을 확립하여, 예술 작품보다 예술가의 가치를 높이는 데 성공했으며, 이는 포스트모더니즘으로의 이행에 영향을 끼쳤다. 사물 또는 작품이 중요한 것이 아니라 예술 행위를 하는 예술가가 주목받는 것은 그가 어떤 것이라도 할 수 있는 가능성을 열어 주는 것임과 동시에 무엇이 예술인가에 대한 고민도 함께 남겨 두었다. 포스트모더니즘의 다양한 시도들은 그 '무엇'을 찾기 위한 과도기적 상황 전개인 것이다.

미국 중앙정보국을 동원하여 원하는 방향으로 이끌려 했던 모더니즘은 결과적으로 전체주의적인 방향으로 전개될 수밖에 없었다. 그러나 르네상스가 고대로의 회귀를 꿈꾸고, 아방가르드가 새로움을 찾음과 동시에 인간 본연의 자세로 되돌아가고자 하는 것과 같은 방식으로 모더니즘 역시 출발점으로 되돌아가고자 하는 회귀성을 보여 주며 통제될 수 없는 대중문화를 양산했다. 그 결과 리얼리즘, 하이퍼리얼리즘, 리폼, 복고풍 등의 끝없는 유행이 나타나고 있는 것이다.[37]

---

37 료타르는 1979년 〈포스트모던의 조건〉에서 포스트모더니즘을 '모더니즘의 불신과 실망 그리고 반성에서 출발한다'고 했으며, 미셸 푸코는 피카소가 그린 〈아비뇽의 처녀들〉을 '재생산의 가능성'으로 분석했고, 장 보드리야르는 '시뮬라시옹'을 말했다.

객관성 추구로 출발해
주관성 표현으로 다시 돌아간다

—

"그것은 비대상적이고, 비재현적이고, 비이미지적이고, 비표현주의적이고, 비주관적인 것이다." - 애드 라인하르트

1962년 미니멀리즘은 처음 미국에서 액션페인팅과 추상표현주의 양상에 대립되는 경향을 지칭하기 위해 사용되었다. 미니멀아트는 표현적이거나 환영적인 모든 과장을 거부하는 미술 형태이다.

이 미술은 우연히 생기거나 단순한 기하학적 형태로 형성되며 똑같은 형태가 반복되는 특징을 지닌다. 미니멀리즘기의 작가들은 예술이 '기본적 조형 어휘'만으로 구성될 수 있다는 믿음으로 감상자들이 어떤 애매함도 없이 단일한 전체적 인상을 갖도록

극단적인 시각적 단순성을 추구했다.

미니멀리즘은 극도의 축소화를 그 특징으로 삼는다. 미니멀리즘은 디자이너의 주관적인 풍부한 감성을 고의로 억제하며 예술가의 미감을 최소한으로 줄이려 한다. 개인적 감성과 표현을 극도로 억제하며 순수하고 무표정한 형태 언어를 취한다. 미니멀리즘의 시각적인 특성도 색깔의 절제이며, 따라서 표면 처리 역시 대개 흑색이거나 단색의 거친 금속 재질 등을 사용한다.

그러나 최소한의 장식과 미학으로 간결하게 처리되고 있는 이 미니멀 디자인들은 그 절제된 단아함 속에서 더욱 세련된 면모를 보이기도 한다. 이러한 면모는 오히려 팝아트를 선호했던 대중들의 관심을 끄는 계기가 되기도 했다. 미니멀아트는 1960년대 중반 미국을 중심으로 나타난 기하학적 추상회화 및 프라이머리 스트럭처Primary Structure[38] 등의 단순한 구조적 조소를 말한다. 최소한으로 단순화된 있는 그대로의 예술, 즉 즉물주의卽物主義라고도 한다.

자연에 존재하는 어떤 물건이건 거듭해서 나누다 보면 최종적으로는 더 이상 쪼갤 수 없는 결과에 이르게 된다. 미니멀리즘은 인간 및 외계의 어떤 형태를 추상화해서 얻어낸 집약이라기보다

38 최소한의 조형 수단으로 제작되는 조각.

는 이처럼 세상의 어떠한 물건이라도 '원소'처럼 궁극적으로 남게 되는 본질적인 요소 또는 본질 개념을 갖고 있다는 데서 출발하여, 이에 대해 관심을 표명하고 이것을 개념적, 가설적으로 재현하여 제시해 보려는 시도이다. 이것은 결과적으로 예술의 대상을 형태나 색채 이외에 아무 것도 아닌 상태로 환원시키게 된다. 그러므로 예술 행위는 대상이 그 자체 이외의 아무 것도 의미하지 않음을 증명하는 것이라고 할 수 있다.

 따라서 회화나 조각의 방법적 구분은 무의미했으며 본질적인 요소가 무엇인지에 대한 의식적 탐구와 그것의 재현이 중요했다. 그로 인해 이 시기에 탈장르화된 예술들이 많이 등장하기도 했다. 그들이 찾아낸 기하학적인 조형 요소와 미니멀리즘적 경향은 평면으로 드러내 보이는 것으로는 부족했다. 그것은 사물의 본질로서 실존적實存的 의미를 지니는 물체object이기를 원했다.[39] 이러한 이유로 인해 미니멀리즘적 경향은 역설적이게도 '사물' 그 자체인 예술 작품을 사물 고유의 기능이나 목적과 상관없는 사물로 만들어 놓았으며, 그런 측면에서 플라톤이 주장했던 바, 합목적성이나 유용성과는 거리가 먼 예술의 형태를 지

---

39 subject의 반대 개념으로서 주체를 작가에게서 대상으로 옮겨 설명하는 방식. 작가의 표현으로서의 추상 개념을 넘어서는 작품에 대한 현대적 해석이다.

니게 되었다. 또한 극단적인 미니멀리즘적 선호는 결국 현실에 존재하지 않는 물체나 대상을 표현하기에 이른다. 그것은 정신이며, 마음, 혹은 감정 등을 물질화시킨 것이 되어 버렸다. 이러한 예술 작품은 결국 극도의 추상주의를 다시 재현할 수 있는 가능성을 스스로 제시하는 것이다. 다시 말해 지나친 객관적 추상화가 결국 주관적 표현에 이르게 되었다는 의미이다. 이처럼 대상의 객관성을 추구한 미니멀리즘이 다시금 주관성의 표현으로 귀결되는 것은 당연한 일이다.

이렇게 이질적이지만 동시에 존재할 수밖에 없는 현대 미술은 결국 탈장르화를 불러왔으며, 이질적이고 고유한 영역을 지니고 있는 것들의 연합과 연계를 지향하는 포스트모더니즘으로의 이행을 낳았다. 마치 변증법의 일반적인 전개 과정인 정正에서 반反으로 그리고 합合으로 가는 과정을 동시에, 혹은 순식간에 적나라하게 펼쳐서 찰나에 보여주는 것과 같다.

이런 맥락에서 극도의 상업주의와 대중성을 지향하던 팝아트와 극도의 순수예술을 지향하던 미니멀아트의 결합은 사실 미니멀리즘에서 기인한 구조적 귀결이다. 이러한 구조적 귀결의 예를 들면, 장인의 숙련된 솜씨를 기반으로 하는 명품에 대한 가치를 예술적 가치로 인정하는 현대의 세태를 들 수 있겠다. 비싼 상품 제작을 위한 장인의 숙련된 솜씨는 대량생산 시스템에 의

한 가격의 인하에 관심이 없으며, 그만한 가치를 인정받기 위해 선 마치 예술 작품을 탄생시키는 것과 같은 노력과 솜씨가 필요 한 법이다. 결국 이러한 노력들은 예술이라는 경제적인 가치로 인정받게 된다. 또한 대중문화와 순수예술의 경계가 사라지는 현상 역시 미니멀리즘에서 출발하여 미니멀리즘으로 귀결되는 구조적 순환 속에서 설명될 수 있는 것이다.

동굴벽화의 작가도
출근하는 샐러리맨이다

—

19세기 자연과학이 극도로 발전했을 때, 대량생산과 기계문명은 인간의 삶을 일순간 변화시켰다. 변화의 와중에 예술가들은 그들의 잃어 버릴지도 모를 예술적인 기질을 놓지 않으려고 애를 썼으며, 일부 예술가들은 사진과 인쇄술의 대량복제에 밀려 새로운 일거리를 찾아야만 했다.[40]

사진이 대상으로부터 취해지는 외연을 그대로 보여 주는 작업에 성공하였다면, 인상주의자들은 대상의 이미지[41]를 포착하여

---

[40] 실제로 이 시기에는 극장용 포스터나 캐리커처 제작에 많은 예술가들이 종사하였다.
[41] image. 겉으로 드러나는 모양뿐 아니라 내적인 상(想)을 포괄하는 외래어.

◎ 〈별이 빛나는 밤에〉, 고흐

드러내고자 하였다. 그러한 작업은 카메라 렌즈의 시각을 앞지르는 것이라는 믿음을 갖게도 하였다. 더 나아가 표현주의자들은 대상을 완전히 제거하고 인간 내부의 감정 표현을 목적으로 하는 작품 활동을 전개한다. 이렇게 전개되는 예술 작품의 발전 양상은 대략 두 가지의 계보, 즉 대상의 인상에서 연유하는 인상주의(예를 들면, 고흐의 1889년 작 〈별이 빛나는 밤에〉)와 대상을 배제한 인간의 내적 감정에서 연유하는 표현주의(뭉크의 1893년 작 〈절규〉와 같은)의 형태를 보인다.

여기에 아인슈타인의 상대성이론 등 물질문명에 대한 회의론적 비판이 가해지면서 빛과 시간·공간 개념이 무너지게 된다.[42] 이러한 사회적 분위기에 예술계도 즉각 반응하여 미래주의, 입체주의, 초현실주의 등의 화파가 등장하기도 한다. 예술가들의 관심이 점차 물질적 대상 자체에서부터 그 대상의 인상에로, 그리고 인상을 통해 표현해 내는 인간의 감정으로 옮겨지자 예술 작품은 점점 추상화되어 우연적인 형상[43]을 창조하기도 하고, 혹은 극도로 계산된 구성[44]으로 나아가기도 했다(잭슨 폴록, 칸딘

---

[42] 절대적인 시간과 공간 개념이 상대적인 것이라는 아인슈타인의 상대성이론은 지식인들에게 커다란 혼란을 가중시켰다.

[43] 인상주의로부터 연유된, 대상 혹은 재료의 우연한 성질을 이용하는 형태의 예술.

[44] 칸딘스키, 몬드리안으로 대표되는 구성.

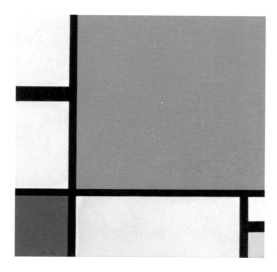

◑ 〈구성〉, 몬드리안

스키, 몬드리안의 구성 시리즈).

　이러한 예술의 전개 양상은 어떠한 형태이든지 상象을 가진 예술 작품의 부재에까지 이르렀으며, 보다 진전된 하나의 예술 형태로서 행위예술이 등장하게 된다. 대상과 예술가의 감정을 추상화抽象化[45]시켜 버리면 남는 것은 예술가의 몸짓일 뿐이다. 예술가의 몸짓은 일반 극예술이나 무용처럼 정해진 규칙이나 제한이

[45] 추상이라는 단어는 『에센스 국어사전』에 의하면 '일정한 인식 목표를 추구하기 위하여 여러 가지 표상이나 개념에서 특정한 특성이나 속성을 빼냄. 또는 그 빼낸 것을 사고의 대상으로 하는 정신 작용.'이라고 정의되어 있다.

○ 작업하는 잭슨 폴락

없다. 화가가 캔버스에 물감을 바르는 행위 자체가 예술이다. 무엇을 그리거나 무엇을 표현하려는 것이 아니라 화가의 행위 자체에 주목하는 예술 장르가 바로 행위예술인 것이다.

행위예술은 예술 행위가 일어나는 시간이나 장소, 그리고 관객에 따라 우연적인 하나의 사건을 연출하게 된다. 이것은 전통적인 개념으로서 예술가·작품·관람자라고 하는 세 가지 구성 요소의 경계를 모호하게 한다. 즉 행위예술은 일반적으로 예술가라 불리는 행위의 주도자와 주변 여건(시간과 공간, 분위기 등), 그리고 적극적인 참여자로서의 관객이 한데 어우러지는 형태의 예술이다.

이런 의미에서 종래의 관념으로 정의하는 예술은 아서 단토[46]의 말처럼 이미 종말을 고했는지도 모르겠다. 과연 현대사회에서 예술은 더 이상 존재하지 않는 것인가?

시각화되거나 물질적이지 않은 예술 작품, 그리고 예술가와 관람자의 구별이 모호한 가운데 하나의 공간 속에 연출된 그 무엇을 우리는 통틀어 예술이라고 한다. 이미 회화, 조각, 음악 등의 전통적인 영역을 무의미하게 만드는 행위 자체에 우리는 예술이라는 이름을 갖다 붙이고 있는 것이다.

그렇다면 '스타일리시'한 길거

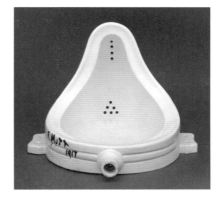

○ 〈샘〉, 뒤상

○ 〈브릴로 상자〉, 앤디 워홀

---

46 미학자. 「예술의 종말, 이후」라는 저서에서 현대사회에서 고전적인 의미의 예술은 종말을 고했다고 주장.

리 행인의 헤어스타일과 옷차림, 장신구의 적절한 코디 등은 무엇인가? 종래의 개념으로는 예술가가 아닌 대중들, 즉 현대인들이 추구하거나 만들어낸 트렌드(유행)와 대기업의 판촉 활동 등은 예술이라고 할 수 있을까? 그것과 마르셀 뒤샹의 문제작 〈샘〉(1917년)이나 앤디 워홀의 〈브릴로 상자〉(1964)는 무엇이 다른가?

어떤 사람을 예술가라 부를 것인가? 그들에게서 창조의 특권을 발견할 수 있는가? 우리는 고민해야만 한다. 아니면 예술이라는 단어를 이제 포기해야 할지도 모를 일이다. 현대인에게 예술이라는 것이 주는 가치를 발견할 수 없다면 정말 예술은 더 이상 존재하지 않으며, 존재의 이유가 없는 것이 되고 만다.

고대의 동굴벽화를 그린 이는 오늘날의 관점으로는 예술가로서 재능이 있어 보인다. 하지만 어쩌면 그들의 생존에 반드시 필요한 사냥과 관련하여 생각해 보면 그들은 마치 아침 출근 전 넥타이를 골라 매는 현대의 샐러리맨과 같은 존재일 수도 있다. 예술적 행위와 일상적 행위가 구별되지 않는 시대라는 점에서 어쩌면 현대인은 역사의 출발점으로 다시 되돌아왔는지도 모를 일이다.

〈몽유도원도〉는
하이퍼리얼리티의 효시이다

—

안견의 〈몽유도원도〉는 사실 안견의 것이 아니다. 그런데 우리는 〈몽유도원도〉를 말할 때 항상 '안견의 몽유도원도'라는 말로 '안견의'라는 수식어를 쓰고 있다.

안평대군이 1447년 어느 날 꿈에 본 아름다운 도원의 모습을 안견에게 이야기해 주어 그리게 한 것이 바로 〈몽유도원도〉이다. 그림을 그린 이는 안견이 분명하지만 그림을 그리게 하고 그 소재를 제공한 이는 바로 안평대군이었던 것이다. 오늘날과 같이 지적 저작권을 깐깐하게 따지는 상황에 빗대어 보면 이는 분명 문제 있다.

그런데 사실 최근의 예술 활동에서 이와 유사한 방식의 창작

◈ 〈몽유도원도〉, 안견, 1447

행위들을 쉽게 볼 수 있어서 〈몽유도원도〉가 지니는 의의는 더욱 놀랍다. 컴퓨터가 관람객의 움직임을 즉시적으로 인식하여 음악을 연주하거나 페인팅과 디자인을 만들어 내는 최근의 작업들은 관람객이 다양한 방식으로 예술 창작의 과정과 결과에 적극적으로 참여하는 방식이다. 여기서 관객과 작가 그리고 작품은 쌍방향의 소통이 이뤄지는 유기적인 관계를 맺게 된다.

먼 옛날 꿈속의 이상 세계를 그리던 안평대군은 자신의 꿈을 공유하고 소통하기 위한 방법으로 안견의 그림을 택했고, 여기에 덧붙여 그가 꿈속에서 본 모습을 문장으로 풀어 내었다. 뿐만 아니라 자신과 뜻을 같이하는 정치적 동지들에게 그 이야기를 이어가게 만들어 꿈과 그림, 그리고 텍스트를 결합시켰던 것이다. 그들이 바라보았던 가상현실은 더 이상 가상이 아니라 현실 속에 존재하게 된 것이다. 그들은 지금도 존재하는 무계정사 터에서 꿈을 논했던 것이다.

가상현실을 현실로 만드는 데 주저함이 없었던 안평대군과 안견, 그리고 그들과 함께한 사람들의 마음이 그림 한 장에 담겨 있다. 따지고 보면 머릿속의 생각idea, design과 그림, 그리고 텍스트를 하나의 작업으로 남겨, 현대 포스트모던 예술이 지니고 있는 모든 요소를 이미 구현해 놓은 셈이다. 마치 모더니즘의 획일화된 재단에 의해 그림과 문학, 그리고 디자인이 각각의 장르를 지니게 된 것을 포스트모더니즘이 흐트러뜨리거나 섞어 버리는 모습과 닮아 있는 것이다.

　포스트모더니즘 예술이 보여 주는 모습은 무엇이 포스트모던 인지 규정할 수 없을 정도로 다양한 모습을 지니고 있다. 이것은 과거 획일적인 모더니즘에 대한 반감에서 포스트모더니즘이 출발했기 때문이며, 이 다양성은 이제 융합과 통합의 과정을 거쳐 새로운 무엇인가를 만들어 내고 있는 것이다. 그래서 예술은 늘 새로움을 추구하고 다양한 개성에 목말라 있다.

　이러한 포스트모더니즘에서 중요하게 생각되는 것이 바로 '아우라^{aura}'인데 아우라는 이미 그 원형^{orginality}을 잃어 버렸다. 따라서 원조가 난무하는 어처구니없는 세상이 된 것이다. 원래 있던 것을 모방하고 재생산하더라도 새로운 원조가 될 수 있는 시대인 것이다. 원래의 의미대로라면 이러한 원조들은 죄다 가짜 원조인 셈인데 우리 사회는 이를 용인하고 있다. 오히려 퓨전이고 새로운 것이라며, 그런 의미에서 원조라고 인정해 주고 있는 것이 사실이다.

　패러디 홍수의 시대라고 한다. 진짜 그런가? 패러디를 오남용하고 있는 것은 아닐까? 그게 아니면 패러디를 재정의해야 할까? 전통적인 관점 — 문학 — 에서 패러디를 보자. 그러면 패러디인 것과 패러디와 비슷한 것 — 즉, 패러디 아닌 것 — 을 구별해 낼 수 있을 것이다. '사이비'似而非란 말은 비슷한 것은 가짜라는 뜻 아닌가. 사이비 패러디 혹은 덜 떨어진 패러디가 있을 것이다.

패러디의 어원은 그리스어 'paradia' 이다. para는 '반대하다' 의 뜻이지만, '이외에' 라는 뜻도 포함돼 있다. 옥스포드 영어사전은 패러디를 이렇게 정의한다. "산문이나 운문에서 한 작가 혹은 한 부류의 작가들을 우습게 보이려는 사고방식으로, 특히 우습고 부적절한 주제에 이들을 적용시키면서 모방하는 사고나 구절의 전환으로 이루어진 구성. 원작에 다소 밀접하게 근거를 두고 모방하는 것이지만 우스꽝스런 효과를 산출하기 위해 전환된 모방." (린다 허치언의 〈패러디 이론〉, 김상구 외 옮김, 문예출판사, 1998. 중)

그러나 지금 우리는 이러한 패러디에 대해 앞서 '원조' 이야기처럼 지나치게 관대한 것을 확인할 수 있다. 그것은 패러디가 지니는 원래의 의미가 다시금 재조명되기 때문이다.

안견은 안평대군이 꾼 꿈을 그림으로 패러디한 것일 수 있으며, 안평대군은 안견의 그림에서 새로운 원조로서의 아우라를 발견하고 인정했는지도 모를 일이다. 그것은 하나의 대상에 대한 여러 개의 가상현실과 아바타라는 공간의 용인이다. 그것은

◎ 무계정사 터. 서울특별시 유형문화재 제22호. 세종의 셋째 왕자인 안평대군(安平大君) 이용(李瑢)의 정자로서, 꿈에 도원(桃園)에서 놀고 나서 그곳과 같은 자리라고 생각되는 곳에 정자를 세우고 글을 읊으며 활을 쏘았다고 하나 현재는 터만 남아 있다. 종로구 부암동에 있다. 바위에 '무계동(武溪洞)'이라 새긴 글씨가 보인다. (한옥은 나중에 지은 집이다.)

현실과 가상현실의 경계가 모호함을 인정하는 것과도 같다.

　real이라는 말에 hyper라는 말을 붙이면 현실을 뛰어넘는 현실이 된다. '현실적이지 않지만 지나치게 현실적인'이라는 말장난이 될 법한 단어이다. 또한 가상현실은 어떤가? '가상이긴 한데 현실'이라는 말 아닌가? 영화 〈아바타〉에서 주인공이 끝내 가상이라고 하는 현실에 실제의 삶을 옮겨 버리는 것을 보았으며, 〈매트릭스〉에서 가상공간과 현실을 넘나들며 가상의 세계에 맞서 싸웠지만 알고 보니 현실인 줄 알았던 공간과 주인공의 행동이 가상프로그램이었다는 설정은 적잖은 충격을 안겨준다. 포스트모더니즘 역시 마찬가지이다. '모더니즘을 뛰어넘는 모더니즘'이라는 말 속에 이미 스스로 모더니즘의 혈육임을 인정하고 있음과 동시에 그것과 다름을 말한다.

　이러한 말들과 현대 예술의 고민이 그 옛날 조선시대 우리 선조들이 꿈에 그리던 이상 세계를 실제 그림으로 그리고, 그림에 텍스트를 포함시켜 하나의 작품으로 만들어 서로 공유하고(〈몽유도원도〉는 단순한 그림이 아니다. 그림과 글이 하나인 전 세계 역사에서 찾기 힘든 특별한 작품이다.), 그 이상 세계를 실제 무계정사라는 곳에 실현시킨 사실은 우리의 문화가 지닌 선지적인 측면을 더욱 부각시킨다. 그런데 이 그림이 지금 일본의 한 대학 박물관에 전시되어 있다고 하니 참으로 안타깝다.

　〈몽유도원도〉는 그냥 그림이 아니다. 안평대군의 발문과 안견의 그림, 그리고 당대 내로라하는 20명의 문인이 쓴 찬문이 덧붙여져 있는 그야말로 하이브리드hybrid의 원조로서 서양 사람들이 포스트모더니즘이라고 하는 방식을 이미 조선시대에 구현한 것이며, 가상현실을 현실로 옮긴 아바타의 효시인 것이다.

전설이 된 한국미
한류 열풍은 이유가 있다

고미술의 역사를 살펴보면 한반도의 인류에 대한 기록은 단군 이래 대략 5,000여 년 정도로 얘기되고 있다. 이는 구석기, 신석기 시대의 한반도 역사에 대한 흔적을 발견하지 못했기 때문이다. 한국의 미술사에서 고대는 청동기부터 시작된다. 이것은 우리 민족이 오래전 한반도 외의 지역에서 옮겨온 민족이었음을 짐작하게 한다.[47]

위와 같은 사실은 결국 한반도의 최초 인류는 원래 한반도에

---

[47] 최근의 중국측 유물 발견 현황을 보면 중국이 정사로 여겨온 역사보다 빠른(중국이 신석기 말을 지날 때, 청동기 혹은 철기문명이 발굴된 것) 문명이 발견되어 왔으며, 그 양식은 대체로 우리의 옛 고구려 양식과 일치한다.

거주한 것이 아닌 이민족이었을 가능성을 뒷받침해 주는 첫 번째 근거가 되는 것이다. 우리 민족이 이민족이었다는 사실은 보다 복잡한 가계가 얽혀 있는 다민족 혹은 다문화민족이었다는 주장이다. 오랫동안 단일민족국가라는 혈통주의를 자랑거리로 여겨왔기 때문에 이런 주장은 쉽게 받아들일 수 없는 문제이기도 하다.

세계의 역사에서 가장 오래된 문명은 옛 메소포타미아의 수메르 문명이다. 이 문명은 태음력을 사용하며 우리말과 같은 교착어를 사용하는 유일한 문명이다.[48] 이 수메르 문명은 성경의 바벨탑이 있던 곳으로 추정되는 세계 최고最古의 인류 문명인 것이다. 그런데 이 수메르 문명과 우리 한반도의 조상이 지닌 문명이 유사하다면 어떨까.

---

[48] 한국언어학회지 「언어학」 제19호(96년 12월)에 실린 아시리아학자 조철수 박사(예루살렘 히브리대학 객원 교수)의 논문 「수메르어·한국고어의 문법 범주 대조 분석」에서 "수메르어와 한국어는 주격 토씨를 함께 갖추고 있을 뿐만 아니라 특히 동사의 명령법에서 동일한 양상을 보인다. 또 명사가 명사를 수식할 때 한국어의 경우 수식어는 관형격 토씨(즉 속격 토씨 「의」)의 교착을 받아 피수식어 앞에 놓이지만, 수메르어의 경우 속격 토씨 「ak」의 교착을 받아 피수식어 뒤에 놓인다. 이는 한국어가 「정보집적형」 언어인데 비하여 수메르어가 「정보해체형」 언어이기 때문이다. 한국어와 수메르어의 계통이 아직 확인되지 않고 있는 이유는 수메르어가 후대어를 남기지 않았고, 한국어 또한 오래된 기록이 없기 때문이다. 그러나 수메르어와 한국어의 계통은 동반하여 확인될 가능성이 높다."고 밝히고 있다.

한국과 수메르 문명의 유사성을 찾아보자. 한국의 일곱 신인 '천월수화목금토天月水火木金土'는 북두칠성을 상징하는 것인데 수메르에도 비슷하게 일곱 신이 있었다. 안-하늘신, 엔릴-바람신, 엔키-물의 신, 인안나-금성의 신, 난나-달의 신, 우투-태양의 신, 닌후르쌍-언덕의 신이 그것이다. 이 일곱 신이 북두칠성을 나타낸다는 생각 또한 유사하다. 또한 언어에서도 교착어 외에 표음문자로서 상당한 유사성을 발견할 수 있다.

고대 메소포타미아 지역에서 수메르의 역사를 살펴보면, BC 4,500~4,000년 사이에 선先 수메르 문명을 가진(수메르어를 사

아버지	아빠(아비)
어머니	웅마
나	난
우리	우르
한	안
아우	아우
나락	나락
달	달
사람	사람
어디서	-쉐
길	길

◉ 한-수메르어 비교표

용하지 않는) 종족이 살았으며, 그 뒤 수메르어를 사용하는 수메르인들은 아나톨리아 주변으로부터 약 BC 3,300년경에 들어온 것으로 추측된다. BC 3,000~2,000년경 그곳은 키시, 에레크, 우르, 시파르, 이샤, 라라크, 니푸르, 아다브, 움바, 라가시, 바스티비라, 라르사 등 적어도 12개의 독립된 도시국가를 이룬다. 그러다가 BC 2,300년경 사르곤 왕이 이끄는 아카드인에게 정복되었고(그 안에서 도시국가들을 통일하여 큰 세력을 형성하였고, 이들은 셈 족이며 수메르의 설형문자를 쓰지 않았다. 수메르 문명이 변질되었다고 보면 된다) 그후 약 100년 뒤 다시 여러 도시국가로 나뉘었다. 여기서 주목할 만한 점은 수메르 문명 역시 어디선가 이주해 온 민족이었던 것인데, 이들이 메소포타미아로 들어서자마자 우수한 문명, 즉 철기문명을 꽃피운 것이다. 이들은 누구인가.

최근 밝혀진 바에 따르면 수메르의 옛 기록에 고구려의 사신이 왕래한 점, 이른바 '철의 길Iron Road'의 초기 개척자로 한민족이 대두되고 있는 것도 사실이다. 위와 같은 가능성을 염두에 두고 한국의 옛 미술사를 다시 살펴보면 재미난 사실이 눈에 들어온다. 우선 한반도 최초의 그림이라고 할 수 있는 울산 반구대 암각화를 살펴보면 다음과 같은 샤먼의 얼굴을 발견할 수 있는데 이 얼굴의 생김은 도무지 우리네 얼굴의 전형과 닮지 않았다.

뿐만 아니라 고령 지역의 암각화에서
발견되는 그림들에서는 용의 형상(아마
도 옛 공룡)과 여러 가지 신령스러운 모
습을 발견할 수 있다. 여기에서 주목하
고자 하는 것은 두 가지이다.

하나는 한반도의 초기 문명은 이미 고도로 발달한 문명이었으
며, 타 문명권 혹은 타 지역에서 유입된 문명이었다는 것이다. 육
지와 해양의 동·식물은 물론이고, 고래를 사냥하고, 기마 생활을
하며, 가축으로 길들이는 고도의 철기문명을 지녔다는 것이다.

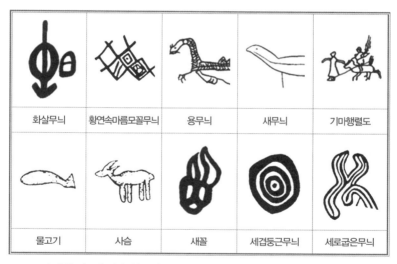

| 화살무늬 | 황연속마름모꼴무늬 | 용무늬 | 새무늬 | 기마행렬도 |
| 물고기 | 사슴 | 새꼴 | 세겹둥근무늬 | 세로굽은무늬 |

○ 울산 반구대 암각화 (부분), 울산광역시 울주군 두동면 위치, 국보 제285호

○ 〈백제 금동용봉봉래산향로〉, 백제,
국립중앙박물관

○ 〈금동미륵반가사유상〉, 삼국시대,
국보78호, 국립중앙박물관

그리고 둘은 영혼과 영혼, 주술과 신의
권능 등을 상징하는 문양을 사용한 점이
다. 신령스러운 무늬는 잎사귀가 돋아나듯
연기 혹은 구름, 연꽃을 형상화한 문양인
데, 고구려를 지나며 자칫 불교의 연꽃잎
으로 오해될 수도 있으나 자세히 보면 연
꽃과는 확연히 다름을 알 수 있다.

이러한 신령한 문양은 동서고금을 막론
하고 신의 권능과 연결되는 최고 권력자
들만이 사용할 수 있는 특권을 가지고 있
었으며, 영의 세계를 갈구하는 현생 인류
의 소망과 같은 것이다. 영의 세계를 알고
사용하는 나라, 시조가 하늘에서 내려온
신령한 나라이며, 선택받은 민족이 되는
셈이다.

흰 옷을 입고 하늘에 제사를 지내며, 아
주 오랜 옛 기억을 떠올리며, 정신 혹은
형이상학의 세계를 현실 속에 반영하고,
그 정신세계의 힘과 존재를 현실 세계에
서 믿고 받아들이는 나라인 것이다.

◎ 보신각 처마 부분. 하늘을 향하는 처마 끝자락과 단청의 무늬에서 신령한 기운을 찾아 볼 수 있다.

　이러한 문양은 고구려 이후 역사를 거쳐 그 모습이 점차 사라지는 듯하나 신라의 왕관에서, 통일신라의 불상 옷자락에서, 고려와 조선의 건축에서 그 명맥이 이어진다. 다음의 사진들을 보면 그 변천 과정을 찾아볼 수 있을 것이다.

　그러다 조선시대로 접어들면서 이른바 진경시대[49]로 탈바꿈한다. 진경시대의 미술에서 눈에 보이지 않는 영의 세계를 나타낼리는 없다. 눈에 보이는 대상을 마주대하고 그려내는 것이 진경

49 눈에 보이는 실물을 실제로 맞닥뜨려 그려내는 양식.

〈세한도〉,
추사 김정희, 1844,
국보 제180호, 개인 소장

의 기본이기 때문이다. 또한 조선은 백성이 주인인 나라 즉 성리
학의 나라이므로 신의 선택을 받은 민족이라는 특권의식을 과감
히 버릴 수 있었던 것이다.

현재를 살고 있으나 신의 그것과 연결지어 주는 역할을 했을
문양은 상류층의 특권이 되었을 것인데 조선시대로 접어들면서
그 무늬가 사라진 것이다.

성리학, 주리론이야 워낙 방대하고 어려운 학문이나 이를 조금
억지스럽게 정리하자면 사물의 이理를 기氣로 다스린다는 것이
주요 골자이다. 여기에 비록 그림이나 조각에서는 사라졌으나
그 옛날 정신적이고 신령한 힘(理)을 현실(氣)에 반영한 흔적을
발견할 수 있다. 주관(氣)과 객관(理)을 절묘하게 결합하고 조화

롭게 하는 것이 바로 성리학 아니던가.

조선의 그림을 읽는 법이 있다. 그것은 오랜 전통으로 '형사^{形似}와 신사^{神似}'가 있어야 좋은 그림이라는 이론이었다. 형사는 사물의 외형을 그대로 닮게 그려야한다는 뜻이며^{寫實}, 신사는 외형을 취하면서도 그 내면의 참된 모습을 그려내야 한다는 뜻이다^{事實}. 이를 따라 수많은 조선의 화원들이 진경의 산수, 인물, 화초를 대하여 그려내었으나, 중국이나 일본, 심지어 서양의 그림[50]과 다른 감흥이나 정취, 즉 소위 말하는 기운생동이 느껴지는 것은 바

---

50 서양의 인상파 화풍은 사물을 직접 대하여 그 대상의 본질을 그려내려는 시도라는 점에서 유사한 방식이기는 하지만 인상파 화풍에 크게 영향을 주었던 일본의 도슈샤이 샤라쿠라는 전설적인 화가가 최근 김홍도 혹은 신윤복이었을 가능성이 제기되고 있다(샤라쿠는 김홍도와 신윤복의 행방이 묘연한 시기에 단 10개월간 일본에서 활동하고 홀연히 사라짐).

로 이러한 원칙을 찾아 실천하는 성리학의 건국이념에 닿아 있기 때문이다. 그러므로 신령한 문양을 그려 넣지는 않았으나 그 속에 기운생동으로 대변되는 힘이 넘쳐나는 것이다.

조선의 그림 중 추사 김정희의 〈세한도〉에는 유배 생활의 외로움과 그리움 등이 고스란히 담겨져 전해진다. 초가집과 소나무 세 그루를 그렸을 뿐인데 말이다.

이 그림은 제자인 이상적이 중국에 사신으로 나가 있는 동안 몇 년씩 시간이 걸려도 제주도 유배 중인 스승에게 책을 구해 주는 등 정성을 보이자 그 보답으로 그려 준 그림이다. 그 그림이 제주를 떠나 중국에 도달하자 제자는 감격에 겨워 다른 제자들과 함께 찬문을 덧붙여 스승에게 보내 다시 자신에게 돌아온 것을 받아 간직한 사연이 있는 그림이다.

여기에서 우리는 조선의 영기를 발견할 수 있다. 그것은 그림이라는 이미지에 마음을 담아내는 조선 선비의 세련됨과 정제됨이다.

잘 알려진 신윤복의 미인도에는 다음과 같은 글귀가 있다. "盤薄胸中萬化春 筆端能物傳神(반박흉중만화춘 필단능물전신)." 그 뜻풀이는 '가슴속에 서리고 서린 봄볕 같은 정 / 붓끝으로 어떻게 마음까지 전했을까'이다. 사랑하는 여인을 마주대하고 그 아름다움으로 그려 낸 자신이 대견하고 자랑스러워 마음까지 담아 냈

◈ 〈미인도〉, 신윤복, 조선 후기, 간송미술관

다고 자화자찬을 하고 있는 것은 분명 형사와 신사를 이룩한 것을 스스로 인정한다는 것이다.

어떤 이는 한국미를 소박함에 비유한다. 또 어떤 이는 단순함, 유머러스함 등을 이야기한다. 그러나 오랜 역사의 족보 있는 나라의 그림이다. 그 크기가 서양의 100호 200호 되는 그림에 비하면 기껏 A4 용지 사이즈밖에 되지 않으나 그 속에 세상의 이치와 만물을 고스란히 담을 수 있는 정제된 기교가 있는 것이다.

우리 민족이 지닌 문명의 우수성은 이미 반만년 역사를 뛰어넘은 것이다. 이는 성경이 밝히는 인류의 문명과 불교의 경전에서 수미산으로 등장하는 그곳과 배경을 같이한다. 이와 관련한 내용은 지면의 한계상 다음에 밝히기로 하지만 신라 첨성대와 관련 〈삼국사기〉, 필사본 〈화랑세기〉에 언급이 없는 점으로 미루어 단순한 천문 관측 시설이 아니었다는 주장과 신라 왕실과 페르시아 문화(수메르)의 놀라운 유사성, 메소포타미아 문명의 지구라트와 같은 형태로서의 강화도 마니산의 참성단과도 같은 역할을 하였을 것이라는 연구가 진행 중이다.

한국미의 역사를 들여다보면 세계를 보는 눈이 다시 열린다. 역사가 돌고 돌아 제자리로 가는 순간을 바라본다. 다시 한 번

한민족의 문화가 세계의 중심에 설 그날을 손꼽아 기다린다.

하늘에 제사를 지내는 동쪽의 해 뜨는 나라, 세계의 중심에서 그 찬란한 문명을 다지고 다져 그 명맥을 이어온 조용하고 강한 이 역사의 결정체를 찾아 누리고 즐기는 최고 선민의 예술적 삶을 실현시켜야 할 것이다.

최근 대중문화에서 이는 한류 열풍에도 나름의 이유가 있는 것이다. 우리 민족에 대한 자긍심, 그것은 단일민족이라서가 아니라 최고의 문명을 지닌 한 무리의 후손이라는 점이다. 바로 이것이 세계를 향한 자신감으로 세계를 대할 수 있는 힘을 주는 것이다.

미술이 쓴 역사 이야기

미술이 그린 보이지 않는 세상

초판 1쇄 인쇄 2012년 9월 10일
초판 1쇄 발행 2012년 9월 15일

지은이 하진욱

책임편집 김성
디자인 김수연

펴낸곳 리즈앤북
브랜드 호메로스
펴낸이 김제구

인쇄·제본 한영문화사

등록번호 제22-741호 ㅣ **등록일자** 2002년 11월 15일
주소 121-841 서울시 마포구 서교동 463-31 플러스빌딩 4층
전화 02)332-4037 ㅣ **팩스** 02)332-4031
이메일 risenbook@paran.com

ISBN 978-89-90522-78-8 03900

호메로스는 리즈앤북의 출판 브랜드 입니다.